幼稚園・認定こども園
キャリアアップ研修テキスト

食育・アレルギー対応

監修
公益財団法人
全日本私立幼稚園幼児教育研究機構

編集代表
小田 豊・秋田喜代美

編著
師岡 章

中央法規

監修の言葉

私は1977（昭和52）年に現在の幼稚園の仕事につきました。当時冬季になるとほとんどの子どもは鼻水を垂らし、ほっぺたの赤さが際立っていました。小学校では毎日給食が実施されていた一方で、幼稚園での給食の実施は珍しい時代でしたが、当園では1955（昭和30）年ころから週に１～２回給食を実施していて、園の大きな台所を使って元保護者で調理師免許をお持ちの方と、主に母親の当番の方々で給食作りをし、ランチ皿に盛り付けた食事を子どもたちに提供していました。とても手の込んだおいしい食事でした。入ったばかりの新米保育者でしたが、当時偏食の子どもはいたものの、アレルギーで困っている園児はほとんど記憶にありません。

40数年を経て、現在では多くの子どもにアレルギー症状が発生するため、除去ないしは代替食品の処置をしなければ一緒に食事を摂ることができない状態です。誤食を防ぐため、配慮食のトレーを色分けし、看護師も加わり２重の確認を行い慎重に提供します。もしものときのために「エピペン®」なる中和剤を保護者から預かり、園に常備している子どももいます。

アレルギー症状発生時の対症療法としてそのような方法をとっていますが、なぜ子どもたちの体が普通の食品を当たり前のように食べることができなくなったのでしょう。子どもの体がなぜそのように変化せざるを得なかったのかは私にはわかりません。人間の体がデリケートに変化しているのでしょうか。

以前から保育所には厨房が設けられ、子どもたちの昼食やおやつを手作りし、離乳食の提供なども行われていたこともあって、比較的アレルギー症状にも対応できる体制があるのに対して、幼稚園での給食実施は任意で、仕出し弁当屋さんからプラスチックの弁当箱に食材を詰めたものを提供する園もありました。このような園では、代替食の提供は難しく、みんなと食事をともにすることは難しいことだったろうと推察されます。

除去食や代替食の提供などの配慮は必要ですが、徐々に子ども自身が自分の食べてはいけないものを見分け、自ら判断できるようになる必要があります。そのためには、保護者とよく連携をとって、入園までにさまざまな食品を試食し、配慮の必要性を予見しておく必要もあります。

幼稚園や認定こども園においても給食の実施が求められるようになってきている現代において、アナフィラキシーショック症状などの事故が発生する危険性もあり、障害のある子どもと同様、特別支援児として丁寧に配慮する必要性から、看護師配置なども考える必要性があることでしょう。現代的な課題として捉える必要があります。

人の体は食べたもので作られていることを考えるとき、食育はとても重要な課題です。

公益財団法人全日本私立幼稚園幼児教育研究機構
理事長　安家周一

編集代表の言葉

本書は、公益財団法人全日本私立幼稚園幼児教育研究機構の監修のもとに作成された、幼稚園、認定こども園の幼稚園教諭、保育教諭のためのキャリアアップ研修テキストです。私立幼稚園だけではなく公立・国立等の園も含め、幅広く多くの方に使っていただけるように意図して作られています。各巻の編著者もそのような研修講師経験のある方にお願いしています。

「幼稚園におけるミドルリーダー育成のための現代的な研修システムの開発」（研究代表　神長美津子）報告書（令和３年３月）報告書によれば、幼稚園等でのミドルリーダーの立場に立つ教職員の年齢層は幅が広いこと、また他園から転職してきた教職員がミドルリーダーになる園が一定割合でみられることが指摘されています。そして、ミドルリーダーには全体を把握する組織のまとめ役としての連携やチームワークを高める役割が求められている点が明らかにされています。キャリアアップ研修は、この園の中心のまとめ役になっていく方のための研修であるからこそ、確かな最新の見識と園の多様なありように応じた豊富な事例・知識の習得や共有が求められます。

キャリアアップ研修テキストとして、すべての会社に先駆けて中央法規出版では保育士等キャリアアップ研修用テキストを刊行し、全国の数多くの研修で使用いただき定評を得ております。その時にねらった３点が、本テキスト作成にも生かされています。第一には、最新の基礎知識の習得と同時に、より深くその知識を各園の事情を踏まえて事例・知識を共有できるようにすることです。また第二には、ミドルリーダーは自分で行動できるだけではなく「この分野なら私がわかる」と同僚に説明できるように、何がポイントかをテキストでも明確にしたと同時に、演習やグループ討議を踏まえて、講師から学ぶと同時に参加者同士もまた、事例を共有して自園と関連づけて考えられるような機会がもてるような構成を、内容に応じて設定していることです。そして第三には、保育者自身が園に持ち帰ってマイテキストとして使用できるように、書き込めるようゆとりのあるテキストとなっていることです。

そして本シリーズでは、幼稚園や認定こども園で特にニーズの高いであろう内容として、『保健衛生・安全対策』『食育・アレルギー対応』から順に刊行していくことにしています。それによって、キャリアアップ研修のテキストの必然性をより理解していただきやすくしています。また本テキストでは、デジタル化社会への移行に応じて、学んだことと関連づけたオンライン研修や園外研修と、園内研修を往還的に結びつけることができるように、QR コードで参考資料にもすぐにアクセスできるようにしています。キャリアアップ研修に参加した人だけではなく、園の仲間との共有も容易になるであろうと考えます。

編集代表者もすべての内容を確認し、より完成度の高い内容に向けた体制で作成しております。本テキストを有効に活用することによって、キャリアアップ研修がより深い学びへとつながること、その学びの軌跡の一助に本書がなることを心より願っております。

関西国際大学客員教授・川崎医療福祉大学客員教授　小田 豊
学習院大学文学部教授・東京大学大学院教育学研究科客員教授　秋田喜代美

編集の言葉

本テキストは、幼稚園・認定こども園において、若手リーダーから中核リーダー、また専門リーダーへの成長が期待される保育者の方々を対象としたキャリアアップ研修のうち、「食育・アレルギー対応」分野について、研修内容の要点をまとめたものです。

まず、「第１章　食育の意義と目標」では、幼稚園・認定こども園の「食育」について、法的位置づけを概観した後、「食育」が重視される理由や、「食育」を通して育むべき子どもの姿を解説しています。次に、「第２章　食育の内容と計画」では、「食育」に実際に取り組む際、子どもに経験してほしい事柄や、食育実践を計画的に進めるための見通しのもち方を整理しています。この第１章、第２章を手がかりに、幼稚園・認定こども園で取り組む「食育」の位置づけ、特に、保育の一環として食育を捉え、実践していく姿勢を深めてほしいと思います。

続いて、第３章、第４章では、食育実践の中核をなす食事のあり方を取り上げています。このうち、「第３章　食事の提供」では、栄養学の視点も踏まえた食事の意義や、弁当・給食など食事提供の形態の違いを踏まえた留意点、さらに食事指導の基本を解説しています。勤務する園の実態に即して、よりよい食事のあり方を検討する機会としてください。また、「第４章　特別な配慮を必要とする子どもへの指導」では、食物アレルギーを重点的に取り上げ、食物アレルギーの種類や原因、食物アレルギーの事故防止の要点などを整理しています。「アレルギー対応」の基本を正しく理解するために、役立ててほしいと思います。

最後に、「第５章　食育推進のための連携」では、園全体で「食育」を積極的に推進するうえで、職員間、家庭、地域など連携すべき対象と、それぞれの人々、また組織や機関などとの連携の方法について概説しています。「食育」は一人の保育者の力だけで推進できるものではないため、リーダーを目指す保育者として、この点もしっかり学習を進めてほしいと思います。

なお、各章の間には、幼稚園・認定こども園における「食育」をさらに充実させるためのヒントとなる話題を「コラム」として紹介しています。キャリアアップ研修の合間に一読し、「食育」に関する視野を広げていただければ幸いです。

本テキストをもとにキャリアアップ研修を修了した保育者の方々が、勤務される園の「食育・アレルギー対応」のさらなる発展に向け、リーダーシップを発揮されることを期待しています。

白梅学園大学子ども学部教授　師岡 章

本書の使い方

本書は「施設型給付費等に係る処遇改善等加算Ⅱに係る研修受講要件について」（令和元年6月24日内閣府・文部科学省・厚生労働省担当課長連名通知）に基づく研修に使用するテキストです。主に幼稚園、幼保連携型認定こども園に勤務する職員を受講者として想定しています。

本書の特徴

① 講義 → ② ワーク → ③ column、参考文献

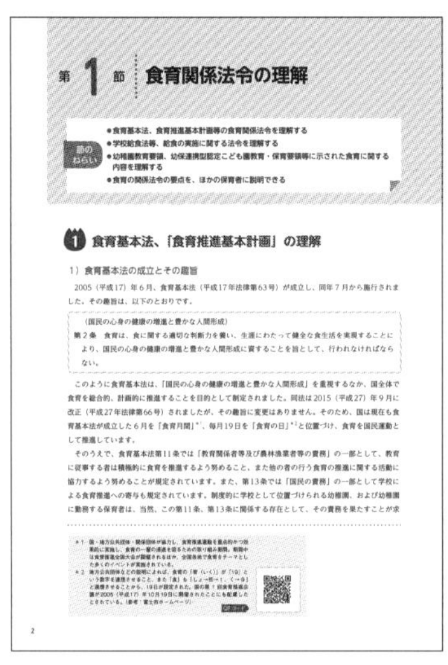

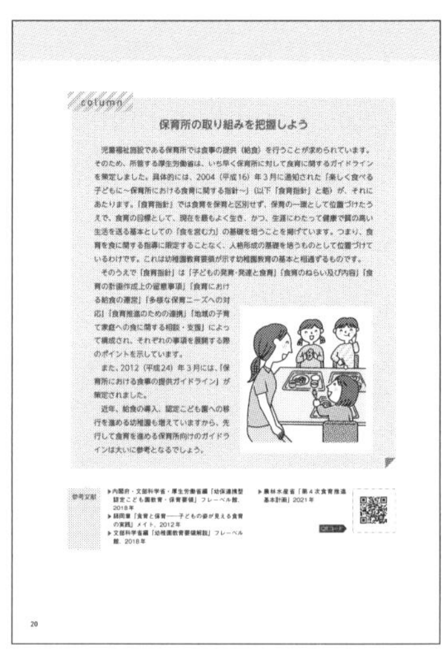

- リーダーとして知っておきたい知識を学びます。
- 節ごとの最後に収載しています。節で学んだ知識を定着させ、実践で役立てるためのワークです。
- column では、章の内容に関係する知見を紹介しています。参考文献には一部 QR コードを掲載し、関係する法令やガイドラインにすばやくアクセスできます。

凡例

本書は原則的に、以下のとおり用語を統一しています。

幼稚園、園、認定こども園 → 幼稚園等
保育者、教員、幼稚園教諭、保育教諭 → 保育者
施設長、園長 → 園長

CONTENTS

＊赤字は全日本私立幼稚園幼児教育研究機構「保育者としての資質向上研修」の該当箇所（詳細は126頁参照）

第2章 食育の内容と計画 師岡 章

受講目安3時間

＊ A2, B2, B5, D1-2, E1-3, E6-7

第4章 特別な配慮を必要とする子どもへの指導　林 薫

受講目安3時間

＊ A1-3, B2, C2-3, E2, E4-5, F2

第1章

食育の意義と目標

第1節 食育関係法令の理解

節のねらい

- 食育基本法、食育推進基本計画等の食育関係法令を理解する
- 学校給食法等、給食の実施に関する法令を理解する
- 幼稚園教育要領、幼保連携型認定こども園教育・保育要領等に示された食育に関する内容を理解する
- 食育の関係法令の要点を、ほかの保育者に説明できる

1 食育基本法、「食育推進基本計画」の理解

1）食育基本法の成立とその趣旨

2005（平成17）年６月、食育基本法（平成17年法律第63号）が成立し、同年７月から施行されました。その趣旨は、以下のとおりです。

（国民の心身の健康の増進と豊かな人間形成）
第２条　食育は、食に関する適切な判断力を養い、生涯にわたって健全な食生活を実現することにより、国民の心身の健康の増進と豊かな人間形成に資することを旨として、行われなければならない。

このように食育基本法は、「国民の心身の健康の増進と豊かな人間形成」を重視するなか、国全体で食育を総合的、計画的に推進することを目的として制定されました。同法は2015（平成27）年９月に改正（平成27年法律第66号）されましたが、その趣旨に変更はありません。そのため、国は現在も食育基本法が成立した６月を「食育月間」*1、毎月19日を「食育の日」*2と位置づけ、食育を国民運動として推進しています。

そのうえで、食育基本法第11条では「教育関係者等及び農林漁業者等の責務」の一部として、教育に従事する者は積極的に食育を推進するよう努めること、また他の者の行う食育の推進に関する活動に協力するよう努めることが規定されています。また、第13条では「国民の責務」の一部として学校による食育推進への寄与も規定されています。制度的に学校として位置づけられる幼稚園、および幼稚園に勤務する保育者は、当然、この第11条、第13条に関係する存在として、その責務を果たすことが求

＊１　国・地方公共団体・関係団体が協力し、食育推進運動を重点的かつ効果的に実施し、食育の一層の浸透を図るための取り組み期間。期間中は食育推進全国大会が開催されるほか、全国各地で食育をテーマとした多くのイベントが実施されている。
＊２　地方公共団体などの説明によれば、食育の「育（いく）」が「19」という数字を連想させること、また「食」も「しょ→初→１、く→９」と連想させることから、19日が設定された。国の第１回食育推進会議が2005（平成17）年10月19日に開催されたことにも配慮したとされている。（参考：富士市ホームページ）

QRコード

められているわけです。

さらに、食育基本法第20条には「学校、保育所等における食育の推進」も掲げられています。具体的には、国および地方公共団体が、学校や保育所等に対して「食育推進のための指針の作成に関する支援」「食育の指導にふさわしい教職員の設置及び指導的立場にある者の食育の推進において果たすべき役割についての意識の啓発その他の食育に関する指導体制の整備」「学校、保育所等又は地域の特色を生かした学校給食等の実施」「教育の一環として行われる農場等における実習」など必要な施策を講じることが求められています。したがって、幼稚園と認定こども園（以下「幼稚園等」という）は、所管する役所が園単位での食育推進に関するガイドラインの策定等、どのような施策を提示しているかを把握し、自園の取り組みに活かす必要があります。

以上、食育基本法は国全体で食育を推進するための基本方針や基本施策が示されたものであり、幼稚園等および保育者は、これらの規定に基づき、責任をもって食育を推進することが求められます。

2）「食育推進基本計画」の策定とその要点

食育基本法は、国民運動として食育を推進するうえで、農林水産省に置かれる食育推進会議[*3]に対し「食育推進基本計画」を作成することを求めています。前述のとおり、食育基本法は食育を推進するための基本方針や基本施策を策定したものですから、あえて具体的な取り組みは示していません。そこで、国民運動として食育推進を実施するうえで、具体的な目標値を設定し、国や地方公共団体をはじめ、多くの関係者が協力・連携しながら、その達成を図るための行動計画として策定されるのが「食育推進基本計画」です。

この「食育推進基本計画」は、2006（平成18）年３月に策定され、2006（平成18）年度から2010（平成22）年度までの５年間を対象に、国として取り組む食育の推進に関する施策を総合的かつ計画的な推進を図るために必要な基本的事項を定めるとともに、都道府県や市町村単位で食育推進計画を策定する際の基本となるものが示されています。その後、５年単位で更新され、現在は「第４次食育推進基本計画」が2021（令和３）年３月に策定されています。

この「第４次食育推進基本計画」は、「第３次食育推進基本計画」の進捗状況について分析・評価を行ったうえで、2021（令和３）年度から2025（令和７）年度までの５年間を対象に、重点事項や基本的な取組方針、そして具体的な目標項目および数値目標を設定しています。農林水産省が示す「第４次食育推進基本計画の概要」[*4]から抜粋すると、基本的な方針（重点事項）や推進する内容は図1-1のようになります。

このように、「食育推進基本計画」は、食育を担う場や人を大変幅広く捉えたうえで、それぞれの取り組みに対し、具体的な課題や取り組み例を示しています。このうち、幼稚園などの学校に対しては、

＊３　食育推進会議は、「食育の推進に関する施策の総合的かつ計画的な推進を図るため、食育推進基本計画を作成する」（食育基本法第16条第１項）ための組織である。同法第26条には農林水産省に置かれることが規定されているが、食育を国民運動として展開するため、内閣府の食育推進室や文部科学省・厚生労働省・消費者庁・食品安全委員会なども参画し、省庁の枠を越えた体制をとっている。

＊４　「第４次食育推進基本計画」策定の要点をまとめた資料の概要版である。なお、数値目標については、第５章第３節 2-2）の「表5-2●第４次食育推進基本計画における現状値と目標値」を参照のこと。

食育基本法

○食は命の源。食育は生きる上での基本であり、知育・徳育・体育の基礎となるべきものと位置付け。
○「食」に関する知識と「食」を選択する力を習得し、健全な食生活を実践できる人間を育てる食育を推進。
○食育推進会議(会長:農林水産大臣)において食育推進基本計画を策定(平成18・23・28年)
○地方公共団体には、国の計画を基本として都道府県・市町村の食育推進計画を作成する努力義務

<食をめぐる現状・課題>

・生活習慣病の予防
・高齢化、健康寿命の延伸
・成人男性の肥満、若い女性のやせ、高齢者の低栄養
・世帯構造や暮らしの変化
・農林漁業者や農山漁村人口の高齢化、減少
・総合食料自給率(カロリーベース) 38%(令和2年度)
・地球規模の気候変動の影響の顕在化
・食品ロス(推計) 612万トン(平成29年度)
・地域の伝統的な食文化が失われていくことへの危惧
・新型コロナによる「新たな日常」への対応
・社会のデジタル化
・持続可能な開発目標(SDGs)へのコミットメント

基本的な方針(重点事項)

<重点事項> 国民の健康の視点
生涯を通じた心身の健康を支える食育の推進

<重点事項> 社会・環境・文化の視点
持続可能な食を支える食育の推進

<横断的な重点事項> 「新たな日常」やデジタル化に対応した食育の推進 横断的な視点

・これらをSDGsの観点から相互に連携して総合的に推進

食育推進の目標

・栄養バランスに配慮した食生活の実践
・産地や生産者への意識
・学校給食での地場産物を活用した取組等の増加
・環境に配慮した農林水産物・食品の選択 等

推進する内容

1. 家庭における食育の推進:
・乳幼児期からの基本的な生活習慣の形成
・在宅時間を活用した食育の推進

2. 学校、保育所等における食育の推進:
・栄養教諭の一層の配置促進
・学校給食の地場産物利用促進へ連携・協働

3. 地域における食育の推進:
・健康寿命の延伸につながる食育の推進
・地域における共食の推進
・日本型食生活の実践の推進
・貧困等の状況にある子供に対する食育の推進

5. 生産者と消費者との交流促進、環境と調和のとれた農林漁業の活性化等:
・農林漁業体験や地産地消の推進
・持続可能な食につながる環境に配慮した消費の推進
・食品ロス削減を目指した国民運動の展開

6. 食文化の継承のための活動への支援等:
・中核的な人材の育成や郷土料理のデータベース化や国内外への情報発信など、地域の多様な食文化の継承につながる食育の推進
・学校給食等においても、郷土料理の歴史やゆかり、食材などを学ぶ取組を推進

4. 食育推進運動の展開:食育活動表彰、全国食育推進ネットワークの活用、デジタル化への対応

7. 食品の安全性、栄養その他の食生活に関する調査、研究、情報の提供及び国際交流の推進:
・食品の安全性や栄養等に関する情報提供 ・食品表示の理解促進

施策の推進に必要な事項

①多様な関係者の連携・協働の強化、②地方公共団体による推進計画の作成等とこれに基づく施策の促進 等

出典:農林水産省「第4次食育推進基本計画の概要」

図1-1 ●第4次食育推進基本計画(令和3~7年度)の概要

栄養教諭の配置促進や学校給食における地産地消の推進などを求めています。また、幼稚園での食育の推進に深くかかわる家庭に対しては、家族が食卓を囲んでともに食事をとりながらコミュニケーションを図る共食の推進や「早寝早起き朝ごはん国民運動」の推進、保護者向けの意識啓発を求めています。各園の取り組みも、これらの要請を踏まえ、進めていく必要があります。

2 学校給食法、学校給食法施行令等の理解

1）学校給食法の趣旨

食育を推進するうえで、食事の提供は重要です。近年、家庭からの弁当持参だけでなく、給食を提供する幼稚園も増えていることを踏まえると、提供する食事の質を向上させることは、食育の充実を図るうえでも重要となります。

ただ、幼稚園を所管する文部科学省は、小学校以上の学校を対象に策定している学習指導要領と同様、幼稚園教育要領には幼稚園の教育課程その他保育内容に関する基準を示すのみで、給食に関する基準は含めていません。そこで参照すべきものが1954（昭和29）年６月に制定された学校給食法（昭和29年法律第160号）[*5]です。同法は義務教育諸学校[*6]を対象に制定されたものですが、給食の趣旨や給食の実施に関する基本については、制度的に学校に位置づく幼稚園も大いに参考とすべきものです。その趣旨は、以下のとおりです。

（この法律の目的）

第１条　この法律は、学校給食が児童及び生徒の心身の健全な発達に資するものであり、かつ、児童及び生徒の食に関する正しい理解と適切な判断力を養う上で重要な役割を果たすものであることにかんがみ、学校給食及び学校給食を活用した食に関する指導の実施に関し必要な事項を定め、もって学校給食の普及充実及び学校における食育の推進を図ることを目的とする。

このように学校給食法は、各学校で提供する給食を、子どもの「心身の健全な発達に資するもの」、また「食に関する正しい理解と適切な判断力を養う上で重要な役割を果たすもの」と位置づけています。そのうえで、学校給食や食に関する指導の実施に関する基本的な事項を定め、「学校給食の普及充実」「学校における食育の推進を図ること」を目的として制定された法律です。つまり、学校として提供する給食は、単に空腹を満たし、成長に必要な栄養素の摂取を図るだけでなく、子どもの資質・能力として食に関する知識や判断力などの育成に資するとともに、学校全体で食育に取り組む際、中核的な役割を担うべきものとして位置づけられているわけです。各幼稚園で実施される給食も、こうした趣旨を幼児期

＊５　学校給食法は、2015（平成27）年６月に最新の改正（平成27年法律第46号）がなされ、2016（平成28）年度から施行されている。その内容は「第１章　総則」「第２章　学校給食の実施に関する基本的な事項」「第３章　学校給食を活用した食に関する指導」「第４章　雑則」によって構成されている。

＊６　義務教育諸学校とは、学校教育法が規定する小学校、中学校、中等教育学校の前期課程、または特別支援学校の小学部、もしくは中学部をいう。つまり、学校給食法は小学生、中学生を対象とした法律である。

に置き換えたうえで充実させていく必要があります。

2）学校給食法の運用に関する法令の要点

学校給食法は、学校給食の実施と学校給食を活用した食に関する指導の基本を定めたものであり、あえて具体的な取り組み内容や留意すべき点は示していません。こうした点について、より具体的に定めているのが学校給食法施行令、学校給食法施行規則、「学校給食実施基準」、「学校給食衛生管理基準」です（表1-1）。

「学校給食実施基準」では、「児童又は生徒に必要な栄養量」について、「維持することが望ましい基準（「学校給食摂取基準」）」[*7]が別表に定められています。この「学校給食摂取基準」は６歳の子どもからを対象として、１人１回当たりのエネルギーおよび栄養素の摂取量を参考値として示しています。

なお、「学校給食実施基準」（「学校給食摂取基準」を含む）については、2013（平成25）年１月30日に文部科学省が「幼稚園における給食の適切な実施について」を通知した際、以下のように位置づけられました。

> このたび、別紙のとおり、「学校給食実施基準（平成21年文部科学省告示第61号）」及び「特別支援学校の幼稚部及び高等部における学校給食実施基準（平成21年文部科学省告示第63号）」[*8]の一部改正について、平成25年１月30日に告示され、平成25年４月１日から施行されます。
>
> これらの基準については、幼稚園における給食の実施に資するものと考えられ、幼稚園においてもこれらの基準に準じ給食を実施するなどにより、幼稚園における適切な給食の実施に努めてくださるようお願いします。（注：下線筆者）

このように、「学校給食実施基準」「特別支援学校の幼稚部及び高等部における学校給食実施基準」は、各幼稚園において、幼児を対象とした健康増進、および食育の推進を図るために望ましい栄養量を算出するための基準として、給食の献立作成、ならびに食品構成を考える際、踏まえるべきものと位置づけられています。私立幼稚園界では、あまり知られていない基準ですが、キャリアアップ研修において食育分野を学習するなかで、きちんと把握しておくべき課題といえるでしょう。

また、給食を実施する際、安心、安全な食事の提供は第一に留意すべきポイントです。給食の実績がない幼稚園が給食を導入した場合、食中毒や誤嚥（ごえん）による死亡事故を防止する意識、または対策が希薄なケースも見られますから、「学校給食衛生管理基準」などをきちんと把握しておくことが重要です[*9]。

なお、近年、誤嚥による死亡事故などの重大事故が、特定教育・保育施設である幼稚園、保育所、認定こども園、ならびに認可外保育施設で発生している現状を踏まえ、内閣府・文部科学省・厚生労働省が合同で開催した「教育・保育施設等における重大事故の再発防止策に関する検討会」が、2016（平

＊7　学校給食摂取基準とは、学校給食法第８条第１項の規定に基づき、児童又は生徒１人１回当たりの学校給食摂取基準を示したもの。2018（平成30）年７月に「学校給食実施基準」の一部改正として告示された。その内容は、厚生労働省が健康な個人および集団を対象に、国民の健康の保持・増進、生活習慣病の予防のために参照するエネルギーおよび栄養素の摂取量の基準を示した「日本人の食事摂取基準」を参考に策定されている。

＊8　特別支援学校は学校給食法が対象とする義務教育年限の子どもだけでなく、就学前の幼児、ならびに、高校生も在籍している。そのため、学校給食法の対象外となる年齢に対しては、別途、基準を示す必要がある。「特別支援学校の幼稚部及び高等部における学校給食実施基準」はそのためのものである。

＊9　幼稚園における食事の提供の詳細については第３章を参照のこと。

成28）年３月、「教育・保育施設等における事故防止及び事故発生時の対応のためのガイドライン」を取りまとめました。こちらもあわせて把握しておくことが大切です。

表1-1 ●学校給食法の運用に関する法令

学校給食法施行令（昭和29年政令第212号）
＊1954（昭和29）年に公布され、現在は2016（平成28）年11月に改正（平成28年政令第353号）されたものが、2017（平成29）年度から施行されている 学校給食法の施行に必要な細則や、その委任に基づく事項を定めている ・学校給食の開設及び廃止の届出 ・設置者の負担すべき学校給食の運営に関する経費 ・学校給食の開設に必要な施設又は設備に要する経費に係る国の補助 ・学校給食の開設に必要な設備に要する経費の範囲及び算定基準 ・分校等についての適用 ・学校給食費に係る国の補助
学校給食法施行規則（昭和29年文部省令第24号）
＊1954（昭和29）年に公布され、現在は2009（平成21）年３月に改正（平成21年文部科学省令第10号）されたものが、2009（平成21）年度から施行されている 学校給食法施行令の委任に基づく事項を定めた規則・命令を示している ・学校給食の開設等の届出 ・学校給食の廃止の届出 ・給食施設を開設する際の、給食を提供する予定人数や施設の位置や構造
学校給食実施基準（平成21年文部科学省告示第61号）
＊1954（昭和29）年に告示されたものが2009（平成21）年に全部改正され、現在は2021（令和３）年２月に改正（令和３年文部科学省告示第10号）されたものが、2021（令和３）年４月から施行されている ・学校給食法第８条第１項の規定に基づく事項を定めている ・児童又は生徒に必要な栄養量その他の学校給食の内容 ・学校給食を適切に実施するために必要な事項
学校給食衛生管理基準（平成21年文部科学省告示第64号）
＊2009（平成21）年に告示され、2009（平成21）年度から施行されている 学校給食法第９条第１項の規定に基づく事項を定めている ・学校給食施設及び設備の整備及び管理に係る衛生管理基準 ・調理の過程等における衛生管理に係る衛生管理基準 ・衛生管理体制に係る衛生管理基準 ・日常及び臨時の衛生検査

3 幼稚園教育要領、幼保連携型認定こども園教育・保育要領等の理解

1）幼稚園教育要領と食育

各幼稚園が保育を実際に展開する際、踏まえるべき国の基準は、前述したとおり、制度的に学校である幼稚園を所管する文部科学省が、幼稚園の教育課程その他保育内容に関する基準を取りまとめた幼稚園教育要領です。

では、幼稚園教育要領では、食育をどのように位置づけているのでしょうか。2017（平成29）年３月に改訂・告示され、2018（平成30）年度から施行されている幼稚園教育要領には、以下の１か所にのみ、食育という用語が登場します。

> (4) 健康な心と体を育てるためには食育を通じた望ましい食習慣の形成が大切であることを踏まえ、幼児の食生活の実情に配慮し、和やかな雰囲気の中で教師や他の幼児と食べる喜びや楽しさを味わったり、様々な食べ物への興味や関心をもったりするなどし、食の大切さに気付き、進んで食べようとする気持ちが育つようにすること。
> （「第２章　ねらい及び内容　健康　３　内容の取扱い」より）

このように幼稚園教育要領は、領域「健康」に示した「ねらい」および「内容」を取り扱う際、「幼児期の終わりまでに育ってほしい姿」[*10]としても掲げられている「健康な心と体」を育成するため、「食育を通じた望ましい食習慣の形成」が重要である、との認識を示しています。

なお、幼稚園教育要領は食育そのものの定義を示していません。幼稚園教育要領解説[*11]にも説明はありません。幼稚園教育要領より上位に位置づく法令として、すでに食育基本法があるため、あえて定義づけはしていないわけです。したがって、ここに記載されている「食育を通じた～」とは、食育基本法が規定しているものと理解すべきものです。

2）幼保連携型認定こども園教育・保育要領と食育

幼稚園から認定こども園に移行した際、幼稚園型を選択した場合、準拠すべき国の基準は幼稚園教育要領ですが、幼保連携型を選択した場合は幼保連携型認定こども園教育・保育要領となります。この幼保連携型認定こども園は、幼稚園的機能と保育所的機能の両方の機能を併せもつ単一の施設であるため、幼保連携型認定こども園教育・保育要領は幼稚園教育要領だけでなく、保育所保育指針との整合性を確保しています。したがって、幼児期を対象とした食育に関しては、幼保連携型認定こども園教育・

＊10 幼児期の終わりまでに育ってほしい姿：現行の「幼稚園教育要領」が改訂・告示された際、初めて提示されたもの。５領域ごとに示されているねらいおよび内容に基づく活動全体を通して資質・能力が育まれる幼児の幼稚園修了時の具体的な姿であり、教師が指導を行う際に考慮すべきものである。「健康な心と体」をはじめ、全部で10の姿が示されている。

＊11 幼稚園教育要領解説：文部科学省が作成した幼稚園教育要領の解説書。2018（平成30）年３月23日付けでフレーベル館より刊行。幼稚園教育要領が幼稚園の教育課程やその他保育内容に関する基準を大綱的に示したものであり、その基準を具体的に説明する必要があるため、参考としてこの解説書が作成されている。

保育要領も参照する必要があります。

では、幼保連携型認定こども園教育･保育要領では、食育をどのように位置づけているのでしょうか。2017（平成29）年３月に改訂・告示され、2018（平成30）年度から施行されている幼保連携型認定こども園教育・保育要領には、以下の３か所に、「食育」という用語が登場します。

> ６　園児の健康及び安全は、園児の生命の保持と健やかな生活の基本であり、幼保連携型認定こども園の生活全体を通して健康や安全に関する管理や指導、食育の推進等に十分留意すること。
> （「第１章　総則　第３　幼保連携型認定こども園として特に配慮すべき事項」より）

> ⑷　健康な心と体を育てるためには食育を通じた望ましい食習慣の形成が大切であることを踏まえ、園児の食生活の実情に配慮し、和やかな雰囲気の中で保育教諭等や他の園児と食べる喜びや楽しさを味わったり、様々な食べ物への興味や関心をもったりするなどし、食の大切さに気付き、進んで食べようとする気持ちが育つようにすること。
> （「第２章　ねらい及び内容並びに配慮事項　第３　満３歳以上の園児の教育及び保育に関するねらい及び内容　健康　３　内容の取扱い」より）

> 第２　食育の推進
>
> １　幼保連携型認定こども園における食育は、健康な生活の基本としての食を営む力の育成に向け、その基礎を培うことを目標とすること。
>
> ２　園児が生活と遊びの中で、意欲をもって食に関わる体験を積み重ね、食べることを楽しみ、食事を楽しみ合う園児に成長していくことを期待するものであること。
>
> ３　乳幼児期にふさわしい食生活が展開され、適切な援助が行われるよう、教育及び保育の内容並びに子育ての支援等に関する全体的な計画に基づき、食事の提供を含む食育の計画を作成し、指導計画に位置付けるとともに、その評価及び改善に努めること。
>
> ４　園児が自らの感覚や体験を通して、自然の恵みとしての食材や食の循環・環境への意識、調理する人への感謝の気持ちが育つように、園児と調理員等との関わりや調理室など食に関する環境に配慮すること。
>
> ５　保護者や地域の多様な関係者との連携及び協働の下で、食に関する取組が進められること。また、市町村の支援の下に、地域の関係機関等との日常的な連携を図り必要な協力が得られるよう努めること。
>
> ６　体調不良、食物アレルギー、障害のある園児など、園児一人一人の心身の状態等に応じ、学

校医、かかりつけ医等の指示や協力の下に適切に対応すること。
（「第３章　健康及び安全」より）

以上のうち、２点目は幼稚園教育要領、３点目は保育所保育指針に示されたものを転用しており、幼保連携型認定こども園教育・保育要領のみに見られる記載は１点目のみです。つまり、幼保連携型認定こども園教育・保育要領は、幼保連携型認定こども園が幼稚園とは異なり、乳児期、並びに満１歳以上満３歳未満の園児が在園することや、保育時間が長いことなどを踏まえ、園児の健康および安全の観点から食育の推進に十分に配慮することを求めているわけです。そのため、実際に食育を推進する際の要点については幼稚園教育要領には記載がないため、保育所保育指針から転用し、重視することを求めているわけです。

このように、幼稚園教育要領を読み解くだけでは把握しきれない保育における「食育の推進」を幼保連携型認定こども園教育・保育要領は提示していますから、幼稚園あるいは幼稚園型認定こども園でも参考としましょう。■

- **食育基本法、食育推進基本計画等の食育関係法令の要点を整理してみましょう。**
- **学校給食法等、給食の実施に関する法令の要点を整理してみましょう。**
- **幼稚園教育要領、幼保連携型認定こども園教育・保育要領に示された食育に関する内容の要点を整理してみましょう。**
- **食育関係法令の要点について、全教職員で共通理解を図るための方法を考えてみましょう。**

第2節 食育の意義

節のねらい
- 食育という言葉の成り立ちを理解する
- 食育基本法が成立した経緯を理解する
- 食育の意義を理解する

「食育」という言葉の誕生

わが国において、「食育」という言葉を最初に使った人物は石塚左玄（さげん）（1851（嘉永４）年-1909（明治42）年）とされています。石塚は1896（明治29）年に出版した『化学的食養長寿論』の中で「嗚呼何ぞ学童を有する都会魚塩地の居住民は殊に家訓を厳にして、体育智育才育成は則ち食育なりと観念せざるや」[1)] と記しました。つまり、子どもにとって、体育も智育（知識教育）も才育（才能教育）もすべて食を通した教育によるものだ、との認識に立ち、「食育」という言葉を新たに作り、使用したわけです。医学を学んで陸軍に入った石塚は、食事が病気の予防、改善につながることを認識していたようです。そのため、薬剤監の地位に就くと、玄米が脚気や胃病、肺病に有効であるなど、食事の指導を通して病気の予防や治癒（ちゆ）にあたりました[2)]。こうした考え方は「食養論」と呼ばれました[3)]。

ただ、石塚が用いた「食育」という言葉は、当時、それほど広がらなかったようです。これを普及させたのは、新聞小説家として活躍した村井弦斎（げんさい）（1863（文久３）年-1927（昭和２）年）でした。村井は1903（明治36）年１月から12月までの間、客員となっていた「報知新聞」に『食道楽』と題する小説を連載し、大人気を得ます。今でいえばグルメ小説と呼べそうなこの連載は、同年６月には単行本として『食道楽』（春の巻）、10月には『食道楽』（夏の巻）、12月には『食道楽』（秋の巻）、翌1904（明治37）年３月には『食道楽』（冬の巻）が刊行され[4)]、大ベストセラーとなりました[5)]。こうして大人気となった小説『食道楽』は、1905（明治38）年２月期には、新狂言として歌舞伎座で公演されたり、1906（明治39）年には続編も刊行されました。そして村井は、『食道楽』（秋の巻）の「第二百五十二　食育論」の中で、前述した石塚の指摘も参考にしながら、以下のように述べています。

> 人間もその通りで体格を善くしたければ筋骨を養うような食物を与えなければならず脳髄を発達させたければ脳の営養分となるべき食物を与えなければならん、体育の根源も食物にあるし、智育

1）石塚左玄『化学的食養長寿論』博文館、276頁、1896年
2）黒岩比佐子『「食道楽の人」村井弦斎』岩波書店、274-275頁、2004年
3）例えば、並松信久「近代日本における食養論の展開」『京都産業大学日本文化研究所紀要』第20号、208-173頁、2015年などを参照
4）村井弦斎『食道楽』報知社、1903年（なお、同本は2005年に岩波文庫より復刻版（上下）が刊行されている）
5）2）に同じ、416-418頁

の根源も食物にある。してみると体育よりも智育よりも食育が大切ではないかとよくそう申します[6)]。

このように人間形成上、食を通した健全育成としての「食育」こそが根本であると説いた村井は、『食道楽』合本の巻末付録に収録された「料理心得の歌」の一首として「小児には徳育よりも智育よりも体育よりも食育が先き」[7)]という歌を示しました。このように「食育」という言葉はすでに明治期に登場し、子ども、特に幼少期の子どもの健全育成を図るうえで何よりも優先すべき課題と主張されたわけです。

ただ、村井が用いた「食育」も一般化するまでには至らず、私たちにとって身近な言葉となるには、前述した「食育基本法」の成立を待たねばなりませんでした。

2 食育基本法の成立過程に見る食育の意義

食育基本法は、前文において「食育」を以下のように規定しています。

子どもたちが豊かな人間性をはぐくみ、生きる力を身に付けていくためには、何よりも「食」が重要である。今、改めて、食育を、生きる上での基本であって、知育、徳育及び体育の基礎となるべきものと位置付けるとともに、様々な経験を通じて「食」に関する知識と「食」を選択する力を習得し、健全な食生活を実践することができる人間を育てる食育を推進することが求められている。

このように食育基本法は、明治期以来、子どもの健全育成、また教育の基本として重視されてきた「知育・徳育・体育」といういわゆる「三育」[*12]の基礎となるべきものとして「食育」を位置づけています。これは、前述の石塚、村井の主張と重なるものといえるでしょう。

では食育基本法は、なぜ「食育」をこのように位置づけ、重視するのでしょうか。

この点を考えるうえで、総務省の政策評価・独立行政法人評価委員会が、2014（平成26）年12月１日に開催した政策評価分科会にて提出した資料「食育基本法成立の背景」[*13]は大いに参考となります。この資料には食育基本法を制定する理由として、食に関する課題が５点、提示されています(表1-2)。

このように食育基本法は、子どもだけでなく、大人も含めた食事を通した栄養摂取の偏りに加え、生活習慣や食文化の乱れ、さらに食品の安全性の危機や食糧自給率の低下などの問題状況を踏まえ、その改善を目指して制定されたわけです。

したがって、食育基本法に基づき、国民運動として取り組まれているわが国の食育の意義は、子ども

＊12 三育（知育・徳育・体育）：イギリスの哲学者・社会学者であるハーバート・スペンサー（Herbert Spencer, 1820-1903）の教育論に示されたもの。近代的な学校教育制度の導入・推進が図られた明治初期において、教育の基本として普及・定着した。

6） 4）に同じ、村井弦斎作『食道楽（下）』岩波文庫、202頁、2005年
7） 2）に同じ、360頁

表1-2 ●食に関する課題

栄養の偏り	○エネルギーに占める脂質の割合が目標量上限値超え 目標：30～69歳：20～25％（日本人の食事摂取基準（2005年版）） 実績：30歳代男性：25.7％（平15） 30歳代女性：27.6％（平15） ○野菜摂取量が目標未達 目標：350g／日（健康日本21） 実績：20歳代：249g 60歳代：339g（平15） ※60歳代の摂取量が最多
個食・不規則な食事	○家族一緒の食卓で特段の事情もなく別々の料理を食べる、いわゆる「個食」が散見 ○朝食の欠食等、朝・昼・晩の規則的な食事をとらない、いわゆる不規則な食事が、子どもも含めて近年目立つように ※朝食欠食率（小５）平７：13.3％→平12：15.6％
肥満・生活習慣病	○肥満が増加 ○糖尿病など生活習慣病が増加 ○過度の痩身志向（若い女性）
食の安全問題・食の海外依存	○BSE（牛海綿状脳症）問題等、食品の安全性に対する国民の関心の高まり ○国内で自給可能な米の消費が落ちる一方、原料や餌となる穀物の大部分を輸入に頼っている油脂や畜産物の消費が増加
伝統的食文化の喪失	○地域の気候風土等と結びついた、米を中心とした多様な副食からなる「日本型食生活」等

から大人までの栄養改善、食習慣の改善、生活習慣病の予防、食の安全性の確保、食糧自給率の向上、和食を中心としたわが国の伝統的な食文化の復権など、大変幅広い分野の改善・向上に資するものといえます。そのため、前述したとおり、国民運動として実施されている食育の推進は、子どもの教育を担う文部科学省だけでなく、農林水産省や厚生労働省、内閣府などの省庁が合同で所管する取り組みとなっているわけです。

各幼稚園は、食育をこうした幅広い意義をもつ取り組みとして再認識し、日々の保育実践の中で取り組むべき事項を検討していく必要があるでしょう。また、食育の推進を幅広く展開していくためには、地域の関係機関・団体等と連携していくことも大切になります。■

＊13 政策評価分科会が「食育の推進に関する政策評価」の方向性について検討した際に提出された資料。法務省・外務省・文部科学省等の担当室が合同で作成したもので、2005（平成17）年７月15日に食育基本法が施行されるまでの動きについて、2002（平成14）年11月21日の自民党政務調査委員会の食育調査会（第１回）から、2003（平成15）年６月期の中間取りまとめと関係８大臣への申し入れ、2004（平成16）年１月23日の食育基本法プロジェクトチーム設置などがコンパクトにまとめられている。

QRコード

●食育に関するイメージを語り合い、保育における食育の位置づけを整理してみましょう。
●食育基本法成立の背景にあった食をめぐる課題について、現時点での実態を調べてみましょう。
●自園にとって、食育に取り組む意義を考えてみましょう。

第3節 食育の目標

節のねらい
- 食育の目標を理解する
- 幼児期における食育の目標を理解する
- 年齢別のねらいを理解する

1 食育基本法、「食育推進基本計画」に示された目標

1）食育基本法に示された子どもの食育に関する目標

食育基本法前文には、子どもの食育について、以下の記載があります。

> 子どもたちに対する食育は、心身の成長及び人格の形成に大きな影響を及ぼし、生涯にわたって健全な心と身体を培い豊かな人間性をはぐくんでいく基礎となるものである。

このように食育基本法は、子どもの食育は「生涯にわたって健全な心と身体を培い豊かな人間性をはぐくんでいく基礎」を培う営みとして位置づけています。そのうえで、子どもの食育にもかかわる目標として、第３条では「食に関する感謝の念と理解」を挙げています。また、前述した「学校、保育所等における食育の推進」を規定している第20条では「子どもの健全な食生活の実現及び健全な心身の成長」を図ることも示しています。

以上の規定を踏まえると、幼児期の食育は健全な食生活の実現や健全な心身の成長、食に関する感謝の念と理解の育成に向け、その基礎を培うことが大切となるでしょう。

2）「第４次食育推進基本計画」に示された「食を営む力」

第４次食育推進基本計画には、学校、保育所等における食育の総合的な推進に関する事項として、以下の指摘がなされています。

> 社会状況の変化に伴い、子供たちの食の乱れや健康への影響が見られることから、学校、保育所等には、引き続き、子供への食育を進めていく場として大きな役割を担うことが求めらている。
>
> （中略）

学校においては、学童期、思春期における食育の重要性を踏まえ、給食の時間はもとより、各教科や総合的な学習の時間等、農林漁業体験の機会の提供等を通じて、積極的に食育の推進に努め、子供たちの食に対する意識の変容の方向性や食に対する学びの深化の程度等を、食を営む力として評価していくことが求められている。

このように「第４次食育推進基本計画」は、健全な食生活を自ら営むことができる知識および態度の育成を意図し、その資質・能力を小学校以上の学校教育においては「食を営む力」と捉え、評価していくことを求めています。この「食を営む力」は、前述の食育基本法が掲げた目標を総称したものと捉えることができます。したがって、生涯にわたる人格形成の基礎を培う幼児期においては、小学校以降の学校教育を見据え、「食を営む力の基礎」[*14]の育成を図ることが目標となるでしょう。

2 幼稚園教育要領に示された目標

1）「中央教育審議会答申」に示された幼児期の食育の目標

前述のとおり、幼稚園教育要領は、領域「健康」において「食育を通じた望ましい食習慣の形成」を求めています。幼稚園教育要領の他の箇所に「食育」という言葉が登場しないことを踏まえれば、幼稚園における食育は、幼児に対し「食習慣の形成」を図ることのみが目標であり、前述の「食を営む力の基礎」の育成も「食習慣の形成」を図ることだと、捉えられます。

では、幅広い取り組みが期待されている食育のなかで、幼児期の食育の目標として、なぜ「食習慣の形成」が重視されたのでしょうか。この点については、幼稚園教育要領を改訂する際、中央教育審議会が2016（平成28）年12月21日に公表した「幼稚園、小学校、中学校、高等学校及び特別支援学校の学習指導要領等の改善及び必要な方策等について（答申）」[*15]（以下、「中教審答申」と略）を通して、確認してみましょう。

「中教審答申」では、幼稚園教育要領を改訂する前提として、子ども全般の現状と課題を整理しています。このうち、食に関する状況については以下の点を指摘しています。

○　食を取り巻く社会環境の変化により、栄養摂取の偏りや朝食欠食といった食習慣の乱れ等に起因する肥満や生活習慣病、食物アレルギー等の健康課題が見られるほか、食品の安全性や食糧自給率向上、食品ロス削減等の食に関わる課題が顕在化している。

（中略）

＊14「楽しく食べる子どもに～保育所における食育に関する指針」（2004（平成16）年３月29日付、雇児保発第0329001号厚生労働省雇用均等・児童家庭局保育課長通知）ではじめて提示された用語。就学前の子どもを対象とした食育において、育成すべき資質・能力として示されたもの。その後、保育所保育指針、幼保連携型認定こども園教育・保育要領の「食育の推進」にも示されることとなった。

＊15 文部科学大臣の諮問機関である中央教育審議会が幼稚園教育要領、学習指導要領を改訂する際の基本的な方向性を取りまとめたもの。幼児教育から高等学校までの学校教育全体を視野に入れ、一貫性をもった教育改革の方向性を示した。幼稚園教育要領の改訂作業もこの答申を踏まえて進められた。

○　こうした課題を乗り越え、生涯にわたって健康で安全な生活や健全な食生活を送ることができるよう、必要な情報を自ら収集し、適切な意思決定や行動選択を行うことができる力を子供たち一人一人に育むことが強く求められている。

以上の指摘は、前述した「第４次食育推進基本計画」と重なる点もありますが、「必要な情報を自ら収集し、適切な意思決定や行動選択を行うことができる力を子供たち一人一人に育む」といった点は教育の視点から示されたものとして、注目しましょう。

「中教審答申」は、こうした認識に立ち「現代的な諸課題に対応して求められる資質・能力」の一つとして、学校教育において「健康・安全・食に関する力」を育成することを重要視しています。具体的には「中教審答申」の「別紙４　健康・安全・食に関わる資質・能力」（以下「別紙４」）において、「育成を目指す資質・能力」*16の三つの柱である「知識・技能」「思考力・判断力・表現力等」「学びに向かう力・人間性等」に沿って、次のように整理しています。

（知識・技能）
様々な健康課題、自然災害や事件・事故等の危険性、健康・安全で安心な社会づくりの意義を理解し、健康で安全な生活や健全な食生活を実現するために必要な知識や技能を身に付けていること。
（思考力・判断力・表現力等）
自らの健康や食、安全の状況を適切に評価するとともに、必要な情報を収集し、健康で安全な生活や健全な食生活を実現するために何が必要かを考え、適切に意思決定し、行動するために必要な力を身に付けていること。
（学びに向かう力・人間性等）
健康や食、安全に関する様々な課題に関心を持ち、主体的に、自他の健康で安全な生活や健全な食生活を実現しようとしたり、健康・安全で安心な社会づくりに貢献しようとしたりする態度を身に付けていること。

このように、学校教育全体で育成を目指すべき「健康・安全・食に関する力」を整理した「中教審答申」は、別紙４の中で示されている「食育に関するイメージ」において、幼児教育から高等学校までの学校教育全体を通して、食育を教科等横断的な視点から教育課程を編成すべきものと位置づけたうえで、幼児教育および小学校段階における目標を次のように示しています。

＊16「育成を目指す資質・能力」：幼稚園教育要領では「幼稚園教育において育みたい資質・能力」として「知識及び技能の基礎」「思考力・判断力・表現力等の基礎」「学びに向かう力・人間性等」の三つの柱として示されている。「幼児期の終わりまでに育ってほしい姿」とあわせて、改訂の目玉とされているものである。

【幼児教育】・食育を通じた望ましい食習慣の形成

【小学校・生活】・観察や体験を通して、食べ物への親しみや規則正しい生活を確立
【小学校・社会】・食料生産に従事している人々の工夫や努力について考察
【小学校・家庭】・食事の役割や栄養を考えた食事、調理の基礎を理解
【小学校・体育（保健領域）】・１日の生活リズムに合わせた食事や調和のとれた食事の必要性を理解
【特別活動】・食育の観点を踏まえた学校給食
　　　　　　・食習慣の形成、心身ともに健康で安全な生活態度を育成
【道徳】・食事マナーなどの礼儀を理解
　　　　・食べ物を大切にし、食べ物を作った人への感謝の念と態度を育成
【総合的な学習の時間】・学校や地域の実情に応じた、食に関する探求的な学習

「中教審答申」では、これらの資質･能力の育成を「身近な生活や個人生活における食との関わり」「社会生活における食との関わり」の二つの側面を通して展開していくことを期待しています。つまり、教科等の学習が開始される以前の幼児教育段階では、「食習慣の形成」に主眼を置いているわけです。保育そのものが小学校教育の先取りではなく、その基礎を培う段階であることを踏まえれば、「食習慣の形成」を目標として設定されていることは自然な位置づけといえるでしょう。幼稚園教育要領はこうした「中教審答申」を踏まえ、大変シンプルに見えますが、幼児期の食育の目標として「食習慣の形成」の１点のみを提示しているわけです。

2）幼稚園教育要領に示された食にかかわる「ねらい及び内容」

幼稚園教育要領には、前述したとおり、「食育」という言葉は１か所しか見られませんが、食に関する事項は、以下のとおり、２か所に見られます。

⑸　先生や友達と食べることを楽しみ、食べ物への興味や関心をもつ。
⑺　身の回りを清潔にし、衣服の着脱、食事、排泄（せつ）などの生活に必要な活動を自分でする。
（「第２章　ねらい及び内容　健康　２　内容」より）

このように幼稚園教育要領は、領域「健康」の「内容」において、食事に関して重視すべき点を示しています。

ちなみに、幼稚園教育要領によれば「ねらい」とは「幼稚園教育において育みたい資質・能力を幼児の生活する姿から捉えたもの」、そして「内容」は「ねらいを達成するために指導する事項」です。つまり、幼稚園教育要領が示す「内容」とは「ねらい」を達成するために、幼児が実際に体験・活動する

ことを通して育みたい事柄を示しているわけです。

領域「健康」は「健康な体と心を育て、自ら健康で安全な生活をつくり出す力を養う」ことを意図し、「ねらい」の態度面の育ち＊17として「(3) 健康、安全な生活に必要な習慣や態度を身に付け、見通しをもって行動する」ことを掲げていますから、こうした「食べることを楽しみ」「食べ物への興味をもつ」ことや、食事に関する「生活に必要な活動を自分でする」ことは、「ねらい」を達成するために重視すべき事項となるわけです。食育の目標として示されている「食習慣の形成」をより具体化したものとして、実践上、留意すべき視点といえるでしょう。■

ワーク

- 幼児期の教育における食育の位置づけを考えてみましょう。
- 食育の目標と幼児期の教育における「育みたい資質・能力」や「幼児期の終わりまでに育ってほしい姿」との関連性を考えましょう。
- 自園の実践を踏まえ、食育の具体的な「ねらい」について、年齢別に考えてみましょう。

＊17 態度面の育ち：幼稚園教育要領の５領域の「ねらい」は、すべて３点示されており、１点目は「心情」、２点目は「意欲」、３点目は「態度」を育成する視点から掲げられている。これら「心情・意欲・態度」は小学校以降の教育が「知識・技能・態度」を身につけさせることを目標としてきたことに対し、具体的な体験を通した育ちが主となる幼児期の発達特性を踏まえて掲げられた「ねらい」の観点である。特定の活動によって即座に達成されるものではなく、体験の積み重ねの結果、しだいに達成が期待されるもの、と位置づけられている。

column

保育所の取り組みを把握しよう

児童福祉施設である保育所では食事の提供（給食）を行うことが求められています。そのため、所管する厚生労働省は、いち早く保育所に対して食育に関するガイドラインを策定しました。具体的には、2004（平成16）年３月に通知された「楽しく食べる子どもに～保育所における食育に関する指針～」（以下「食育指針」と略）が、それにあたります。「食育指針」では食育を保育と区別せず、保育の一環として位置づけたうえで、食育の目標として、現在を最もよく生き、かつ、生涯にわたって健康で質の高い生活を送る基本としての「食を営む力」の基礎を培うことを掲げています。つまり、食育を食に関する指導に限定することなく、人格形成の基礎を培うものとして位置づけているわけです。これは幼稚園教育要領が示す幼稚園教育の基本と相通ずるものです。

そのうえで「食育指針」は「子どもの発育・発達と食育」「食育のねらい及び内容」「食育の計画作成上の留意事項」「食育における給食の運営」「多様な保育ニーズへの対応」「食育推進のための連携」「地域の子育て家庭への食に関する相談・支援」によって構成され、それぞれの事項を展開する際のポイントを示しています。

また、2012（平成24）年３月には、「保育所における食事の提供ガイドライン」が策定されました。

近年、給食の導入、認定こども園への移行を進める幼稚園も増えていますから、先行して食育を進める保育所向けのガイドラインは大いに参考となるでしょう。

参考文献

▶内閣府・文部科学省・厚生労働省編『幼保連携型認定こども園教育・保育要領』フレーベル館、2018年
▶師岡章『食育と保育――子どもの姿が見える食育の実践』メイト、2012年
▶文部科学省編『幼稚園教育要領解説』フレーベル館、2018年
▶農林水産省「第４次食育推進基本計画」2021年

QRコード

第2章

食育の内容と計画

第1節　食育の内容

節のねらい
- 食育を保育の一環として理解する
- 食育の内容と５領域との関連性を理解する
- 食育の目標を達成することにつながる体験や活動を理解する
- 食環境について理解する

1　保育の一環としての食育

1）幼稚園教育要領における食育の位置づけ

保育の目標を達成するために、保育の内容を具体的に設定しておくことが必要となるように、食育の目標を達成するためには、食育の内容の設定が必要だ、と考える保育者も多いことでしょう。

ただ、幼稚園教育要領は、本書の第１章の第１節 3-1）に示したとおり、食育に関しては「第２章　ねらい及び内容」の中の領域「健康」に関する「３　内容の取扱い」において、「食育を通じた望ましい食習慣の形成が大切である」と掲げているだけです。

ちなみに、幼稚園教育要領によれば、「内容の取扱い」とは「幼児の発達を踏まえた指導を行うに当たって留意すべき事項」を記載したものです。つまり「内容の取扱い」とは、実践の具体的な見通しを立てる指導計画を作成する際、保育者が留意すべき事項を示したものであり、幼児の活動に沿った柔軟な指導を展開する際、心に留め、常に気をつけていくべきポイントを示したものです。したがって、「内容の取扱い」として示された「食育を通じた望ましい食習慣の形成が大切である」とは、領域「健康」の趣旨として示されている「健康な体と心を育て、自ら健康で安全な生活をつくり出す力を養う」保育を展開するなかで留意すべき事項の一つにすぎないわけです。言い換えれば、安心・安全な環境の用意、幼児期にふさわしい園生活の展開などを通して、幼児が心と体を十分に働かせ、充実感や満足感を味わったり、自分の体を大切にしていく生活態度や習慣が身につくような保育を展開する際、保育者が配慮すべきポイントの一つなのです。

このように、幼稚園教育要領は、食育を保育と切り離して実践するのではなく、保育の一環として展開していくことを求めています。幼稚園教育要領の「第２章　ねらい及び内容」において、領域「健康」などの５領域とは別の領域として「食育」を掲げていないのもそのためです。だとすれば、食育の内容も、保育の内容と切り離して独自に設定することは適当ではない、といえるでしょう。

なお、幼保連携型認定こども園教育･保育要領は保育所保育指針との整合性も図るなか、「食育の推進」を掲げていますが、幼保連携型認定こども園での食育の位置づけを示した「食育の基本」に関して、幼保連携型認定こども園教育・保育要領解説において、以下のように説明しています。

> 食育に関する事項は、第１章、第２章、第４章に関わることから、これらの内容を踏まえ、各幼保連携型認定こども園で計画的に食育に取り組むことが重要である[1)]。

幼保連携型認定こども園教育・保育要領の第１章とは「総則」、第２章とは「ねらい及び内容並びに配慮事項」、第４章とは「子育ての支援」を示したものです。つまり、「食育の推進」を掲げる幼保連携型認定こども園教育・保育要領も、食育の内容を保育の内容と切り離して示すことはせず、保育の一環として食育を捉え、実践していくことを求めているわけです。

2）５領域の再確認

一般に保育の内容といえば、幼稚園教育要領に示された心身の健康に関する領域「健康」、人とのかかわりに関する領域「人間関係」、身近な環境とのかかわりに関する領域「環境」、言葉の獲得に関する領域「言葉」、感性と表現に関する領域「表現」のいわゆる５領域を想定する幼稚園、また保育者も多いと思います。そのため、幼稚園の教育課程の編成、ならびに指導計画を作成する際、５領域を保育内容として項目設定し、各領域別にねらいや活動、また指導上の留意点や環境構成の要点を示すケースも多いようです。

しかし、５領域は、各幼稚園において具体的に保育を展開する際の保育内容として示されたものではありません。この点について、幼稚園教育要領解説は以下のように説明しています。

> 幼稚園教育要領第２章の各領域に示している事項は、教師が幼児の生活を通して総合的な指導を行う際の視点であり、幼児の関わる環境を構成する場合の視点でもあるということができる。
>
> その意味から、幼稚園教育における領域は、それぞれが独立した授業として展開される小学校の教科とは異なるので、領域別に教育課程を編成したり、特定の活動と結び付けて指導したりするなどの取扱いをしないようにしなければならない。領域の「ねらい」と「内容」の取扱いに当たっては、このような幼稚園教育における「領域」の性格とともに、領域の冒頭に示している領域の意義付けを理解し、各領域の「内容の取扱い」を踏まえ、幼児の発達を踏まえた適切な指導が行われるようにしなければならない[2)]。

このように、５領域は「幼児の生活を通して総合的な指導を行う際の視点」、また「幼児の関わる環

1）内閣府・文部科学省・厚生労働省編『幼保連携型認定こども園教育・保育要領解説』フレーベル館、2018年、328頁（文部科学省のホームページにも掲載されている）

QRコード

2）文部科学省編『幼稚園教育要領解説』フレーベル館、2018年、143頁（文部科学省のホームページにも掲載されている）

QRコード

境を構成する場合の視点」であり、「それぞれが独立した授業として展開される小学校の教科とは異なる」ものであるため、「領域別に教育課程を編成したり、特定の活動と結び付けて指導したりするなどの取扱いをしない」ことを求めているわけです。つまり、後述する教育課程や指導計画をつくる際、「健康」「人間関係」「環境」「言葉」「表現」を保育内容と捉え、計画の表組みに項目設定し、領域ごとにねらいや指導上の留意点などを記載する、といった取扱いをしないこと、あるいは、領域「健康」を幼児の運動機能を高める体育的な活動に結び付け、例えば、月曜日の午前10時から１時間、マット運動の指導を展開する、といった取扱いをしない、ということです。５領域が「教科」ではなく、「視点」にすぎないことを踏まえれば、当然のことです。

だとすれば、各幼稚園において教育課程の編成、ならびに指導計画の作成を進める際、目標やねらいを達成するため、幼児が取り組む具体的な体験や活動の種類や展開を設定する保育内容は、各幼稚園が独自に考えていく必要があります。言い換えれば、幼稚園教育要領は、幼児が取り組む具体的な体験や活動の種類、また分野となる保育内容をあえて示していないため、具体的な保育内容の設定は、各幼稚園の自主的、かつ自由な判断に委ねられているわけです。この姿勢は、保育の一環として取り組まれるべき食育の内容を考える際にも重視すべきものです。

各幼稚園等、また保育者は創意工夫し、具体的な保育内容を独自に考えていきましょう。キャリアアップ研修を修了した保育者は、こうした園内の検討作業をリードしていくよう、心がけましょう。

2 食育の目標を達成するために必要な幼児の体験と活動

1）幼稚園教育要領解説が示す食にかかわる体験や活動

本書の第１章の第１節 3-1）に示したとおり、幼稚園教育要領は、「第２章　ねらい及び内容」のなかの領域「健康」に関する「３　内容の取扱い」において、「食育を通じた望ましい食習慣の形成が大切であることを踏まえ」たうえで、「和やかな雰囲気の中で教師や他の幼児と食べる喜びや楽しさを味わったり、様々な食べ物への興味や関心をもったりする」ことなどを挙げています。つまり、保育者や他の幼児と一緒に食事をすることや、さまざまな食べ物への興味・関心をもつ場面が「望ましい食習慣の形成」に深く関わる体験、また活動として重要である、と位置づけているわけです。

幼稚園教育要領解説はこれらの体験・活動のうち、保育者や他の幼児と一緒に食事をすることについては、昼食はもちろんのこと、誕生会のお祝いや季節の行事にふさわしい食べ物を食べることなどを例示しています。つまり、日常的な食事として昼食を食べることや、行事食を食べる活動を例示しているわけです。また、さまざまな食べ物への興味・関心をもつ場面については、野菜などを育てる活動や、保育者とともに簡単な料理をしたり、保育者の手伝いをすること、さらに農家などの地域の人々との交流などを例示しています。つまり、栽培活動や調理活動（クッキング保育）などを例示しているわけです[3)]。

以上の「望ましい食習慣の形成」に深くかかわる体験・活動は、「食事」「栽培」「調理」と要約することができるでしょう。

さらに幼稚園教育要領解説は、「食生活の基本は、まず家庭で育まれる」との立場から「家庭との連携」も重視しています[4)]。食の細さや偏食、箸などの食具の誤った使い方、朝食欠食に代表される生活リズムの乱れなど、幼児の食生活にかかわる課題は家庭での育児に起因するケースも多いだけに、「望ましい食習慣の形成」を図るためには、保護者の理解・協力が不可欠です。したがって、前述した「食事」「栽培」「調理」といった体験や活動を重視することはもちろんのこと、「家庭との連携」も視野に入れ、教育課程の編成や指導計画の作成を進め、保育の一環としての食育を充実させることが大切となります。

2）保育所における食育に関する指針が示す食育の内容

幼保連携型認定こども園教育・保育要領は本書の第１章の第１節3-2）に示したとおり、幼稚園教育要領だけでなく、保育所保育指針との整合性も図っています。そのため、幼保連携型認定こども園教育・保育要領の「第３章　健康及び安全」に示された「３　食育の推進」は保育所保育指針の記載を転用したものでした。そして、保育所保育指針に掲げられている「食育の推進」は、2004（平成16）年３月に厚生労働省から通知された「楽しく食べる子どもに～保育所における食育に関する指針～」（2012（平成24）年３月30日付け、雇児保発0330第１号厚生労働省雇用均等・児童家庭局保育課長通知。以下「食育指針」と略）を参考に記載されています。

そこで、次に「食育指針」に提示された食育の内容を概観してみましょう。

1)「食と健康」:食を通じて、健康な心と体を育て、自ら健康で安全な生活をつくり出す力を養う。
2)「食と人間関係」:食を通じて、他の人々と親しみ支え合うために、自立心を育て人と関わる力を養う
3)「食と文化」:食を通じて、人々が築き、継承してきた様々な文化を理解し、つくり出す力を養う
4)「いのちの育ちと食」:食を通じて、自らも含めたすべてのいのちを大切にする力を養う
5)「料理と食」:食を通じて、素材に目を向け、素材にかかわり、素材を調理することに関心を持つ力を養う

このように、「食育指針」は食育の内容として五つの項目を挙げています。「食育指針」はこれを「食育の５項目」と呼び、これまでの食に関する指導が、就学前の子どもに対しても、栄養素や食材・食品の理解に比重が置かれていたことを見直し、食が心と体の育ちにかかわることはもちろんのこと、人

3）２）に同じ、161頁
4）２）に同じ、161-162頁

とのかかわりや、環境・文化とのかかわりなどを深める体験につながることも視野に入れ、食育の内容として、その活動分野を幅広く捉えることを提案しているわけです。

食育は保育の一環として取り組むべきものですが、前述した「食事」「栽培」「調理」として要約した体験や活動分野に留まらず、「食と健康」「食と人間関係」「食と文化」「いのちの育ちと食」「料理と食」といった多面的な側面から考えてみると、「望ましい食習慣の形成」につながる保育実践もより幅広く展開できるようになるでしょう。特に、本書第1章の第2節2に示したように、食育基本法に基づく食育の意義として、和食を中心としたわが国の伝統的な食文化の復権や、食糧自給率の向上、地産地消の推進などが重視されている点を踏まえれば、「食と文化」「いのちの育ちと食」といった側面は、幼児期の食育においても重視すべき体験・活動といえるでしょう。

3 食環境への注目

1）保育の基本としての「環境を通して行う教育」

幼稚園教育要領は「第1章　総則」の「第1節　幼稚園教育の基本」のなかで、幼児期の教育のあり方について、以下のように定めています。

> 幼児期の教育は、生涯にわたる人格形成の基礎を培う重要なものであり、幼稚園教育は、学校教育法に規定する目的及び目標を達成するため、幼児期の特性を踏まえ、環境を通して行うものであることを基本とする。（注：下線筆者）

この下線部の記載について、幼稚園教育要領解説は「環境を通して行う教育」と要約し、その趣旨を以下のように説明しています。

> つまり、幼稚園教育においては、教育内容に基づいた計画的な環境をつくり出し幼児期の教育における見方・考え方を十分に生かしながら、その環境に関わって幼児が主体性を十分に発揮して展開する生活を通して、望ましい方向に向かって幼児の発達を促すようにすること、すなわち「環境を通して行う教育」が基本となるのである[5)]。

このように、幼稚園教育要領は、保育の進め方について、保育者が直接的に指示・命令することを主にするのではなく、保育者が計画的に構成した環境を通して幼児の発達を促すことが基本だ、と述べているわけです。この主張は、幼児が身近な環境からの刺激を受け止め、その環境に自ら働きかける体験を通して成長・発達していく時期である、という幼児期の発達特性に基づくものです。そのため、保育

5）2）に同じ、29頁

は「環境を通して行う教育」を基本に展開すべきもの、と位置づけられているわけです。

こうした保育の基本は、食育を展開する際にも、当然踏まえるべきものです。したがって、保育実践のなかで「望ましい食習慣の形成」を図る体験を積み重ねるためには、豊かな食環境を用意することも重要となります。

2）食環境の種類

本書の第１章の第１節 3-2）に示した幼保連携型認定こども園教育・保育要領の「第３章 健康及び安全」の「第２　食育の推進」の中には、以下の記載がありました。

> ４　園児が自らの感覚や体験を通して、自然の恵みとしての食材や食の循環・環境への意識、調理する人への感謝の気持ちが育つように、園児と調理員等との関わりや調理室など食に関する環境に配慮すること。

この記載は、幼保連携型認定こども園教育・保育要領解説によれば「食育のための環境」と位置づけられています[6)]。このように、食環境とは、野菜や果物、肉や魚といった食材をはじめ、食材が調理された料理そのもの、また、調理員など食事をつくってくれる人や食事をつくる場である調理室など多岐にわたります。さらに、幼保連携型認定こども園教育・保育要領解説では「ゆとりのある食事の時間の確保」や「食事をする部屋の採光」「テーブル、椅子、食器、スプーンや箸などの食具等」も食環境として配慮すべきもの、と述べています[7)]。以上を整理すると、食環境は「物的環境」と「人的環境」、あるいは「時間」「空間」「人間」といった、いわゆる「三間（サンマ）」に整理することができるでしょう。

「環境を通して行う教育」というと「物的環境」が注目されがちですが、「人的環境」や「時間」、さらに「物的環境」がどこにどのように設置されたかによって生み出される「空間」（「場」）も視野に入れておくべきものです。「環境を通して行う教育」は、幼児の豊かな体験を引き出す環境をいかに幅広く捉え、計画的に構成するかがポイントとなりますから、食環境についても同様な捉え方を大切にしていきましょう。

3）食環境を計画的に構成する際の留意点

食環境のうち、野菜や果物、肉や魚といった食材については、ふだんの園生活のなかで見たり、触れたりする機会を設けることが大切になります。「食事」「栽培」「調理」といった体験や活動は代表的な機会となりますが、給食を実施する幼稚園では、毎日の献立に使用する食材のうち、見たり、触れたりしやすい野菜や果物などをコーナー展示することも試みたい工夫の一つです。食材の傷みが気になる場合は、写真を使って紹介することも一案でしょう。

6）１）に同じ、329頁
7）１）に同じ、330頁

次に、調理員など食事をつくってくれる人とのかかわりについては、給食を「自園調理」あるいは「外部委託」で実施する園であれば、必ず取り組んでほしいものです。「人の顔が見える食事」であるからこそ、幼児の食べる喜びや楽しさが高まります。また、調理員も幼児が食べる姿を定期的に把握できれば、食材カットの大きさや味つけなどの調理方法、食事量の調整や盛りつけ方なども、幼児の発達に即した工夫・配慮をより丁寧に進めていけるでしょう。調理員が調理室を出て、幼児の食事場面に積極的にかかわる機会を大切にしていきましょう。なお「外部委託」の場合、調理員などは自園の職員でないため、幼児とのかかわりを依頼することは簡単ではないかもしれません。その場合、園長がリーダーシップを発揮し、定期的に幼児とかかわる機会を設けてもらうよう、要請していく必要があるでしょう。

次に、ゆとりのある食事の時間の確保については、１日の園生活の流れを再点検することからはじめる必要があるでしょう。クラス活動や行事の準備に追われ、あわただしく食事を済ませることがないようにしたいものです。

次に、食事をする部屋の採光については、室内温度や湿度の調整と併せて、季節の変化に応じた対応が求められます。感染症を防止するためには、室内換気にも心がける必要があります。

最後に、テーブルや椅子、食器、スプーンや箸などの食具については、幼児の発達に応じた設定、用意が大切です。なお、こうした食具などの物的環境は、いわゆる「しつけ」の側面から整えられることが多いようです。もちろん、食べる姿勢を整えることや、同じものや好きなものばかりを食べる、いわゆる「ばっかり食べ」の是正、正しい箸の持ち方の指導などは大切です。しかし、こうした「しつけ」を優先するあまり、食事自体が息苦しいものになっては本末転倒です。食事において、最も大切にすべきことは幼児が食べる喜びや楽しさを味わうことですから、こうした体験を損なうような環境設定や指導は慎むべきものです。バランスの取れた食環境の構成を心がけていきましょう。■

ワーク

- 自園の保育を振り返り、食事以外の場面で、「食べ物への興味や関心」を高めることにつながりそうな体験や活動をピックアップしてみましょう。
- 子どもの年齢ごとに、身につけてほしい食習慣を考えてみましょう。
- 食習慣の種類も幅広く考え、一年間、「望ましい食習慣の形成」をどのように進めていくか、「ねらい」と取り組みたい活動を整理してみましょう。
- 食器や食具、食事中の保育室の雰囲気について、整備していきたい点を考えてみましょう。

第2節 食育の計画

節のねらい
- 食育の計画の位置づけを理解する
- 食育の視点を取り入れた教育課程、ならびに全体的な計画づくりを理解する
- 食育の視点を取り入れた指導計画の作成手順を理解する

1 保育に関する計画の再確認

1）食育の計画に関する位置づけ

前述したとおり、食育は保育の一環として展開すべきものです。だとすれば、食育の計画を保育の計画とは別に立てることは適当ではない、ということになります。そのため、幼稚園教育要領も食育の計画に言及していません。

ただ、本書の第1章の第1節3-2）に示した幼保連携型認定こども園教育・保育要領の「第3章　健康及び安全」の「第2　食育の推進」の中には、以下の記載があります。

> 3　乳幼児期にふさわしい食生活が展開され、適切な援助が行われるよう、教育及び保育の内容並びに子育ての支援等に関する全体的な計画に基づき、食事の提供を含む食育の計画を作成し、指導計画に位置付けるとともに、その評価及び改善に努めること。

この記載について、幼保連携型認定こども園教育・保育要領解説は、以下のように説明しています。

> 「全体的な計画」に位置付けられた食育の計画は、「食育推進基本計画」を踏まえ、関連資料等を参照し、指導計画とも関連付けながら、園児の日々の主体的な生活や遊びの中で食育が展開されていくよう作成する。
>
> 幼保連携型認定こども園での食事の提供も食育の一部として食育の計画に含める。また、食育の計画が柔軟で発展的なものとなるように留意し、各年齢を通して一貫性のあるものにすることが大切である[8)]。

このように、幼保連携型認定こども園教育・保育要領は、食育の計画を「第4次食育推進基本計画」を踏まえつつ、「全体的な計画」[*1]に含めることを求めています。言い換えれば、「全体的な計画」を食

＊1　幼保連携型認定こども園は学校教育法に基づく教育と、児童福祉法に基づく保育を一体的に行う施設であるとともに、子育ての支援を行う機能ももつ。こうした教育および保育の内容ならびに子育て支援等に関する見通しを立てるものが「全体的な計画」である。後述する「教育課程」を中心に保育を展開する幼稚園において作成される「全体的な計画」とは、趣旨や内容が異なるものである。

8）1）に同じ、328頁

育の視点も含めて作成することを求めているわけです。幼保連携型認定こども園に求められている「『全体的な計画』に位置付けられた食育の計画」とは、そのように解釈すべきものです。さらに、「食事の提供も食育の一部として食育の計画に含める」とありますから、給食の実施が必須となる幼保連携型認定こども園は、食事の提供にかかわる部分も含めた食育の計画を視野に入れながら「全体的な計画」を作成する、ということになります。

以上、食育の計画は、食育の内容と同様、幼稚園、さらに幼保連携型認定こども園においては、保育と切り離して考えるべきものではなく、保育の計画に含めて立案していけばよいのです。

2）教育課程とは何か

食育の計画は保育の計画に含めて立案していけばよいとなれば、改めて、保育に関する計画を再確認しておく必要があります。こうした保育に関する計画については、幼稚園教育要領は「教育課程」「指導計画」「全体的な計画」という三つの計画をつくることを求めています。

このうち、まず「教育課程」について、幼稚園教育要領解説は以下のように説明しています。

> 教育課程は、幼稚園における教育期間の全体を見通したものであり、幼稚園の教育目標に向かい入園から修了までの期間において、どのような筋道をたどっていくかを明らかにした計画である[9)]。

このように、「教育課程」は3年保育を実施している幼稚園であれば、在園する3歳児から5歳児までを対象に、卒園する時点で期待したい幼児の育ちの姿として掲げる教育目標の達成に向かい、3年間の教育期間全体を見通し、その保育、あるいは指導のプロセスを明らかにした計画です。3年間の教育期間全体を見通すという性格上、「教育課程」は自園の保育の基本を明らかにするものとして、「基本的な計画」と捉えるべき質をもつ計画と言えるでしょう。

3）指導計画とは何か

次に、「指導計画」について確認していきましょう。「指導計画」について、幼稚園教育要領解説は以下のように説明しています。

> 指導計画では、この教育課程に基づいて更に具体的なねらいや内容、環境の構成、教師の援助などといった指導の内容や方法を明らかにする必要がある。指導計画は、教育課程を具体化したものであり、具体化する際には、一般に長期的な見通しをもった年、学期、月あるいは発達の時期などの長期の指導計画（年間指導計画等）とそれと関連してより具体的な幼児の生活に即して作成する

9）2）に同じ、98頁

週の指導計画（週案）や日の指導計画（日案）等の短期の指導計画の両方を考えることになる。
　その際、「幼児期の終わりまでに育ってほしい姿」を念頭に置きながら、発達の各時期にふさわしい生活が展開されるように、指導計画を作成することが大切である。また、指導計画は一つの仮説であって、実際に展開される生活に応じて常に改善されるものであるから、そのような実践の積み重ねの中で、教育課程も改善されていく必要がある[10)]。

　このように、「指導計画」は「教育課程」を具体化した計画であると同時に、常に改善を前提として作成される「一つの仮説である」と位置づけられています。また、「教育課程」を具体化するにあたっては、「ねらい」や「内容」「環境の構成」「教師の援助」といった項目を具体的に設定していくことも求めています。つまり、「教育課程」が「基本的な計画」だとすれば、「指導計画」は実際に保育を展開する際の「具体的な計画」となります。

　なお、具体化する際には「長期の指導計画」[*2]と「短期の指導計画」[*3]を作成することも求められています。このうち、「長期の指導計画」とは、実際に幼稚園でつくられているものに当てはめると「年間指導計画」や「学期案」「期案」「月案」などが、それにあたります。一方、「短期の指導計画」は「週案」「日案」になります。つまり、「具体的な計画」である「指導計画」も、見通す期間の長短によってさまざまな種類に分けられ、その種類ごとに具体性のレベルにも違いが見られるわけです。

4）全体的な計画とは何か

　次に、「全体的な計画」ですが、これは現行の幼稚園教育要領において初めて示されたものです。この「全体的な計画」を、幼稚園教育要領は以下のように位置づけています。

　各幼稚園においては、教育課程を中心に、第３章に示す教育課程に係る教育時間の終了後等に行う教育活動の計画、学校保健計画、学校安全計画などとを関連させ、一体的に教育活動が展開されるよう全体的な計画を作成するものとする。
（「第１章　総則　第３　教育課程の役割と編成等　６　全体的な計画の作成」より）

　また、上記の点について、幼稚園教育要領解説は以下のように説明しています。

　幼稚園は、学校教育としての本来的な使命を果たしていく中で、同時に多様な機能を果たすことが期待されている。このため、幼稚園の教育活動の質向上のためには、教育課程を中心にして、教育課程に基づく指導計画、第３章に示す教育課程に係る教育時間の終了後等に行う教育活動の計画、保健管理に必要な学校保健計画、安全管理に必要な学校安全計画等の計画を作成するとともに、

＊２　長期の指導計画：「各幼稚園の教育課程に沿って幼児の生活を長期的に見通しながら、具体的な指導の内容や方法を大筋で捉えたもの」（幼稚園教育要領解説、105頁）
＊３　短期の指導計画：「長期の指導計画を基にして、具体的な幼児の生活する姿から一人一人の幼児の興味や関心、発達などを捉え、ねらいや内容、環境の構成、援助などについて実際の幼児の姿に直結して具体的に作成するもの」（幼稚園教育要領解説、105頁）

10）2）に同じ、98頁

それらの計画が関連をもちながら、一体的に教育活動が展開できるようにするため、全体的な計画を作成することが必要である。教育課程を中心にして全体的な計画を作成することを通して、各計画の位置付けや範囲、各計画間の有機的なつながりを明確化することができ、一体的な幼稚園運営につながる[11)]。

このように、「全体的な計画」は文字どおり、幼稚園運営に関するすべての業務を網羅した計画を指します。具体的には、「教育課程」だけではなく、「教育課程に係る教育時間の終了後等に行う教育活動の計画」、つまり、預かり保育に関する計画や、学校保健安全法[*4]に基づく保健管理、安全管理に関する計画も立て、それらすべてを関連づけた計画として「全体的な計画」の作成を求めているわけです。

制度的に学校である幼稚園は、幼児期の教育を担うことが業務であり、この点については、前述の「教育課程」を通して見通しが明らかにされます。幼稚園教育要領もそのための基準を示したものでした。

しかし、近年、大半の幼稚園が子育て支援の一環として預かり保育を実施しています。学校、つまり教育機関である幼稚園が、通称のとおり「単に幼児を預かる」だけでは責任ある保育を進めているとはいえません。そこで、幼稚園教育要領は、預かり保育についても、しっかり計画を立て、実施することを求めているわけです。

さらに、幼稚園教育要領は、教育課程その他保育内容に関する基準を大綱的に定めたものであるため、幼児の健康の保持増進や安全確保については取り上げていません。この点の基準を定めたものが、前述の学校保健安全法です。よって、「教育課程」には含まれない幼稚園としての保健管理や安全管理は、学校保健安全法に基づき、別に作成する必要があるわけです。遊びや生活のなかで事故が発生するケースもありますから、幼稚園として責任ある保育を進めるためにも、保健管理や安全管理に関する計画を立てることは不可欠となるのです。

「全体的な計画」は、幼稚園全体で取り組むさまざまな業務を関連させ、見通しをもって遂行するための計画です。前述のとおり、現行の幼稚園教育要領から導入されたものだけに、いまだ、その趣旨が浸透していない園もあると思います。キャリアアップ研修を修了した保育者が率先してその趣旨を理解し、園長や同僚とともに、作成を図ることが期待されます。

2 食育の視点を取り入れた保育の計画づくり

1）食育の視点を取り入れた「教育課程」の編成

幼稚園教育要領解説は、「教育課程」の具体的な編成手順について、参考例を示しています[12)]。大ま

＊4　2015（平成27）年6月に最新の改正（平成27年法律第46号）がなされ、2016（平成28）年度から施行されている。その内容は「学校保健」として学校の管理運営・健康相談・健康診断・感染症の予防など。また「学校安全」として学校環境の安全の確保・危機等発生時対処要領の作成などが示されている。

11）2）に同じ、94頁
12）2）に同じ、82頁

かな流れは、以下のとおりです。

① 編成に必要な基礎的事項についての理解を図る。
② 各幼稚園の教育目標に関する共通理解を図る。
③ 幼児の発達の過程を見通す。
④ 具体的なねらいと内容を組織する。
⑤ 教育課程を実施した結果を評価し、次の編成に生かす。

以上の五つの手順例のうち、①は「教育課程」を編成する準備を進める事前段階、②③④は実際に「教育課程」の中身を考える編成段階、⑤は「教育課程」に基づき「指導計画」を作成し、実践にあたった結果を振り返り、「教育課程」を見直す事後段階と捉えることができます。

では、こうした「教育課程」づくりを進める事前段階、編成段階、事後段階において、食育の視点をどのように取り入れ、生かしていけばよいのでしょうか。この点について、五つの手順例を踏まえ、その要点を考えてみましょう。

❶ 編成に必要な基礎的事項についての理解を図る

【食育、あるいは給食に関する法令の理解】

幼稚園として食育を重視していくうえで、食育、あるいは給食に関する法令、具体的には本書の第１章で取り上げた食育基本法、「第４次食育推進基本計画」、学校給食法、学校給食法施行令、学校給食法施行規則、「学校給食実施基準」「学校給食摂取基準」「学校給食衛生管理基準」などの趣旨や要請内容を把握し、園の教育目標や教育方針などに反映させていくことが重要です。幼稚園教育要領、幼稚園教育要領解説などに示された食育に関する内容も含めて園長中心に把握し、教職員全体で共通理解を図るように努めましょう。食育の視点を取り入れた「教育課程」の編成は、まず、こうした作業から開始されることが期待されます。

【食に関する幼児期の発達特性、ならびに幼児期から児童期への発達の理解】

食育の視点を取り入れた「教育課程」を編成するうえで、保育の対象となる幼児期はもちろんのこと、就学後の育ちも見据えておくことが大切です。さまざまな体験を通して、自我が芽生え、自己中心的な生活から、次第に他者を意識し、少しずつ自分を律していく姿が育つなかで、集団生活をスムーズに営んでいけるようになる幼児期の発達特性を再確認するとともに、最新の発達心理学の知見を学習し、共通理解を図りましょう。また、幼児期から児童期における食に関する育ちと課題がいかなるものかも把握し、「教育課程」に活かしていきましょう。「国民健康・栄養調査」[＊5]や「学校保健統計調査」[＊6]、「食育白書」[＊7]なども参照し、最新の調査結果も把握し、「教育課程」の編成に活かしていきましょう。

＊5 厚生労働省が毎年、実施している全世代の健康・栄養状況の調査。食育推進のきっかけとなった朝食欠食や、肥満ややせの実態なども取り上げられている。

QRコード

＊6 文部科学省が毎年、実施している幼稚園から高等学校を対象とした子どもの発育および健康の状態を把握する調査。肥満・痩身傾向児の実態も明らかにしている。

QRコード

＊7 農林水産省が取りまとめている食育推進施策の年次報告書。代表的な子どもの食に関する実態調査を紹介するとともに、学校、保育所等における食育の推進の取り組み状況も紹介している。

QRコード

【地域の実態や食に関する多様なニーズの把握】

食育の充実を図るためには、地域との連携が欠かせません。そのため、幼稚園の周辺地域にどのように食に関する人的、物的資源があるのかを把握しておくことは大切です。

また、国民運動として展開されている食育の推進において、幼稚園に期待されている役割を把握すること、さらに、園を利用する世代の保護者が食に関して期待する事柄についても把握し、「教育課程」に反映させていくことも求められます。

❷ 各幼稚園の教育目標に関する共通理解を図る

「教育目標」は、幼稚園教育を修了する時点でどういう姿に育ってほしいかを明らかにしたものです。ここに、「望ましい食習慣の形成」という食育の視点も組み込み、設定していくわけです。その際、幼稚園教育要領が示す「幼稚園教育において育みたい資質・能力」や「幼児期の終わりまでに育ってほしい姿」などを参照しつつ、園として求めたい理想的な人間像を念頭に置き、卒園を迎える際、期待する育ちを具体的な子ども像として設定していきましょう。

なお、「教育目標」として掲げる子ども像は、複数掲げられることが想定されますが、そうした複数の姿の関連性を考えていくことも大切です。ちなみに、保育所では、前述した「食育指針」が「食を営む力の基礎」を培うという観点から示した「お腹がすくリズムのもてる子ども」「 食べたいもの、好きなものが増える子ども」「一緒に食べたい人がいる子ども」「食事づくり、準備にかかわる子ども」「食べものを話題にする子ども」という五つの子ども像を目標に組み込むケースが見られます。ただ、「お腹がすくリズムのもてる子ども」といった姿一つとっても、食欲や思い切り遊ぶ姿と無関係ではありません。つまり、「お腹がすくリズムのもてる子ども」とは、「食べたいもの、好きなものが増える子ども」といった姿と密接に関係しているわけです。他の姿も同様です。このように、五つの子ども像もそれぞれ関連性があるわけです。

食育の視点を「教育目標」に取り入れる場合、こうした例を参考にし、子ども像をバラバラに掲げるのではなく、構造的に考え、設定していきましょう。

❸ 幼児の発達の過程を見通す

３年保育を実施する幼稚園では、幼児は最長３年間在籍します。この間、幼児がどのように園生活を送り、発達していくのかを長期的に見通すことが求められます。

その際、食育に関しては「望ましい食習慣」が園生活において、どのように形成されているのかを見通し、設定していくことが大切になります。そして、３歳児、４歳児、５歳児といった学年ごとの育ちにとどまらず、それぞれ学年の期間内において、たとえばスプーンや箸などの食具の使い方ひとつとっても、どのような変化が、いつ頃に生じるのかを見通し、発達の節目として設定していくわけです。おそらく、こうした節目は、機械的に月単位で設定できるものではないでしょう。よって、発達の節目は「期」という観点から区分するほうが適当といえるでしょう。また、こうした発達の過程、また節目として明らかにした子どもの姿が、どのように「教育目標」の達成に結びついていくのかも予測しておきましょう。

このように、幼児の発達の過程を見通すとは、最長３年間という時間の流れを踏まえ、教育課程を編成していくことを指すわけです。

❹ 具体的なねらいと内容を組織する

幼児の発達の過程、および節目を見通した後は、それぞれの節目ごとに「ねらい」と「内容」を設定していきます。

このうち、「ねらい」は、発達の節目ごとに期待する子どもの育ちを掲げるものです。「教育目標」は幼稚園として最終的に目指す子ども像を示すわけですが、その姿に至る具体的な育ちを発達の過程、また節目ごとに示して、はじめて「教育課程」も「指導計画」を立案する際の手がかりとなります。「望ましい食習慣の形成」を図るうえで、たとえば、３歳児の初期ではどのような育ちを期待したいのか、ということを具体的に考え、設定していきましょう。

「ねらい」が設定できたら、次に「ねらい」を達成するために指導する事項となる「内容」を考えていきます。「ねらい」は「内容」で示す幼児の体験や活動を通して達成されるわけですから、「内容」は常に「ねらい」とセットで考えていくことが求められます。同時に、発達の節目の前後の時期との整合性も図らねばなりません。これが「組織する」ということです。本章の第１節に示した食育の内容を踏まえつつ、幅広い視点から幼児の体験や活動分野を設定していきましょう。また、給食を実施している幼稚園は、ここに食事を提供する際の「ねらい」と「内容」も含めていきましょう。

❺ 教育課程を実施した結果を評価し、次の編成に生かす

この事後段階の作業は、次節の食育の評価において触れることになりますから、ここでは説明を割愛します。

なお、「基本的な計画」である「教育課程」は、毎年変わるようなものではなく、一定期間継続的に用いるものとして編成されることが求められます。

では、「教育課程」を再編成するタイミングは、どう考えればよいのでしょうか。この点について、筆者はおおむね10年単位での再編成を提案したいと思います。

ちなみに、おおむね10年間という単位は、幼稚園教育要領の改訂を踏まえたものです。現在、幼稚園教育要領は小学校以上の学習指導要領と同時に、おおむね10年単位で改訂されています。今後も、その流れは維持されるでしょう。そして、改訂された幼稚園教育要領は法的拘束力をもつ文部科学大臣の告示行為として発出されます。だとすれば、各幼稚園も改訂された幼稚園教育要領を踏まえ、園の「基本的な計画」である「教育課程」を見直すことは当然のことです。こうした動きを踏まえると、「教育

課程」は①から④の手順を通して、おおむね10年間は維持・継承される計画として編成されるべきものといえます。堅実、かつ安定的な計画をつくることは、保育者はもとより、園を利用する保護者の信頼を得ることにもつながるはずです。園長を中心に、食育の視点を取り入れ、しっかり編成していきたいものです。

2）食育の視点を取り入れた「指導計画」の作成

幼稚園教育要領解説は、「指導計画」の作成上の基本的事項として、以下の５点を挙げています[13)]。

① 発達の理解
② 具体的なねらいや内容の設定
③ 環境の構成
④ 活動の展開と教師の援助
⑤ 評価を生かした指導計画の改善

では、こうした五つの事項に配慮して「指導計画」づくりを進めるうえで、食育の視点をどのように取り入れ、生かしていけばよいのでしょうか。この点について、五つの基本的事項を踏まえ、その要点を考えてみましょう。なお、前述した通り、「指導計画」は「教育課程」に基づいて作成される「具体的な計画」です。よって、作成の主体はクラス担任の保育者であり、対象とする年齢も担当するクラスの幼児となります。

❶ 発達の理解

「指導計画」を作成する際、何よりも大切なすべきことは、担当する幼児の発達を理解することです。たとえば、３歳児クラスを担当している場合、「教育課程」に示された３歳児期の発達の過程や発達の節目を理解しておくことが求められます。ただ、クラス担任として、具体的な保育の見通しを立てるためには、３歳児期の全般的な姿を把握しただけでは不十分です。一人ひとりの幼児には個性があり、生育歴も異なります。そのため、食事に関しても、食欲をはじめ、食事の量、食事の好み、食具の使い方など、すべての面にわたって、一人ひとりの幼児の発達の実情は異なります。

だとすれば、入園前・進級前の姿を把握することはもとより、「指導計画」の立案期以前の姿についても、クラス集団の状態だけでなく、個別に把握しておくことが大切です。こうした一人ひとりの幼児の発達の実情を把握した結果は、「指導計画」に「子どもの姿」といった欄を設け、記載していくとよいでしょう。たとえば、週案であれば「前週の子どもの姿」、月案であれば「前月の子どもの姿」という欄を設け、担当する幼児一人ひとりの育ちと課題を記載していくわけです。食事に関しては、必要に応じて保護者から家庭での様子も聞き取り、記載に加えていくとよいでしょう。

13）2）に同じ、100-104頁

このように、「指導計画」を、まず「子どもの姿」から作成していくことは、保育者主導の実践に陥らないためにも必要なことだと思います。

❷ 具体的なねらいや内容の設定

「指導計画」に掲げる「ねらい」や「内容」は、前述した「子どもの姿」に基づき、立案期間の保育において、具体的に達成を図りたい姿と、それを達成するために必要な具体的な体験や活動を記すことが求められます。

ですから、「望ましい食習慣の形成」を図る食育についても、「望ましい食習慣を身につける」といった抽象的な「ねらい」ではなく、週案であれば、立案期間の週において、幼児が実際に体験する食事活動を通して、具体的に身につけることが期待される姿を掲げるわけです。

たとえば、「望ましい食習慣の形成」の一つとして、「食具の正しい使い方を身につける」ことが期待されますが、スプーンから箸に移行しつつある時期の幼児に対し、「正しい箸の持ち方を身につける」といった「ねらい」を掲げるのは早すぎるでしょう。だとすれば、「箸に関心をもち、使ってみようとする」といった「ねらい」の方が適切といえるでしょう。また、それに伴う「内容」も、提供される食事の主食がおにぎりでは、先の「ねらい」も達成しにくいでしょうから、茶碗にごはんを盛りつけるかたちで提供することを考えるべきでしょう。

このように、「指導計画」に掲げる「ねらい」と「内容」は、立案する期間の実際の保育場面を想定し、具体的、かつリアリティのあるものとして掲げることが大切です。

❸ 環境の構成

前述したとおり、保育の基本は「環境を通して行う教育」であり、「指導計画」において「ねらい」の達成を図る保育者の指導のあり方を見通す際にも、まずは環境の構成から考えていくことが大切です。ちなみに、食育の視点を取り入れて環境の構成を考える要点については、すでに本章の第1節 3-3）「食環境を計画的に構成する際の留意点」で触れていますから、ここでは割愛します。

なお、環境の構成は「指導計画」の様式上、端的に「環境構成」といった名称で項目設定され、そこに配慮すべき事項を記載するケースが多いようです。ただ、環境の構成は文字だけでは見通しを立てにくい面もあります。そこで、「環境構成」欄には必要に応じて環境図や、用意する道具や素材をイラストで記載するなどの工夫も求められます。

また、調理活動（クッキング保育）の活動案など、特定の活動に絞った「短期的な指導計画」を作成する場合は、時系列で表組みした様式にこだわらず、環境図を活用した様式を採用することも一案です。たとえば「指導計画」の用紙を表組みせず、調理保育を進める際の保育室内のテーブル配置や、幼児用の椅子配置、保育者の立ち位置などの配置図を大きく描き、それぞれの場に応じた配慮を文字で追記するといった様式に変更するわけです。この環境図を活用した様式は、「環境を通して行う教育」を基本とすることを、保育者がより意識することにもつながると思います。

❹ 活動の展開と教師（保育者）の援助

保育の基本が「環境を通した教育」であるとはいえ、保育者が必要に応じて、幼児に言葉かけをしたり、幼児と一緒に活動することは否定されるものではありません。ただ、こうした保育者の直接的な働きかけは、幼児の感情や意志を無視して進めるべきものではありません。そのため、幼稚園教育要領は指導計画の作成上の基本的事項では、保育者の働きかけを「指導」ではなく「援助」、また、「援助」は「活動の展開」を前提とすることを求めているわけです。

こうした活動の展開と教師（保育者）の援助は、指導計画の様式上、「子どもの活動」「指導上の留意点」といった名称で項目設定されるケースが多いようです。

このうち、「子どもの活動」については日案であれば登園から降園までの時間の流れ、週案であれば月曜日から金曜日までの日の流れに沿って幼児の行動を予測し、その展開を記載することになります。また、「指導上の留意点」については、「子どもの姿」に記載した予想される幼児の姿への対応はもちろんのこと、「ねらい」の達成に向けた活動場面ごとの留意点や「内容」を取り扱う際の配慮などを記載します。食育の視点を取り入れるなかでは、安全面や衛生上の配慮をより丁寧に記載していく必要があるでしょう。

❺ 評価を生かした指導計画の改善

この作業は「教育課程」の事後段階と同様、次節の食育の評価において触れることになりますから、ここでは説明を割愛します。

なお、前述したとおり、「具体的な計画」である「指導計画」は「一つの仮説」に過ぎないものですから、一定期間継続的に用いる「教育課程」とは異なり、修正・改善が前提となる「案」となります。こうした「指導計画」の性格を理解しているからこそ、大半の幼稚園では、実際に作成する「指導計画」について、たとえば、１週間の見通しを立てるものを「週間指導計画」、１か月の見通しを立てるものを「月間指導計画」ではなく、それぞれ「週案」「月案」と呼んでいるわけです。その意味で「指導計画」は、実践上「指導案」と呼ぶべきものといえるでしょう。

このように「指導計画」は「一つの仮説」に過ぎないものであり、実践の最中でも幼児の状態に応じて修正・改善されていくべきものです。「指導計画」を作成することを目的化せず、柔軟な実践を導くための見通しを幅広く捉える機会と捉えていきましょう。■

- 自園の「教育課程」「全体的な計画」のうち、食に関する「ねらい」や「内容」にはどのようなものがあるか、ピックアップしてみましょう。
- 食育の視点を取り入れた「教育課程」編成の要点、ならびに「全体的な計画」作成の要点を考えてみましょう。
- 調理活動（クッキング保育）の「指導計画」を作成してみましょう。「活動のテーマ」や「ねらい」はもちろんのこと、活動の流れも「導入—展開—終結」というステップになるように意識して、具体的に考えてみましょう。

第3節 食育の評価

節のねらい
- 食育の評価を進める目的を理解する
- 食育を評価する内容を理解する
- 食育を評価する方法と、計画・実践の改善に生かす道筋を理解する

1 食育の評価に関する位置づけ

これまで、繰り返し述べているとおり、食育は保育の一環として展開すべきものです。だとすれば、食育の評価も、計画と同様、保育の評価と別に実施することは適当ではありません。幼稚園教育要領が食育の評価について言及していないのもそのためです。

ただ、幼保連携型認定こども園教育・保育要領は、前述のとおり、「第３章　健康及び安全」の「第３節　食育の推進」の中で、「教育及び保育の内容並びに子育ての支援等に関する全体的な計画に基づき、食事の提供を含む食育の計画を作成し、指導計画に位置付けるとともに、その評価及び改善に努めること」を求めています。この点について、幼保連携型認定こども園教育・保育要領解説は、以下のように説明しています。

> 食育の計画を踏まえた教育及び保育の実践の経過やそこでの園児の姿を記録し、評価を行う。その結果に基づいて取組の内容を改善し、次の計画や実践へとつなげていく[14)]。

つまり、「食育の推進」を掲げる幼保連携型認定こども園教育・保育要領も、食育の評価を、食育の視点を取り入れた保育の計画の見直しや、その計画に基づいた実践を改善すること、と位置づけているわけです。

このように、食育の評価は、食育の視点を取り入れた「教育課程」や「指導計画」の見直し、また「指導計画」に基づいて保育の一環として取り組んだ食育実践の改善を行うことを目的として実施されるものとなるわけです。言い換えれば、保育者が自ら立てた「指導計画」と、それに基づく実践を振り返ることが、保育の評価と同様、食育の評価においても中核的な作業となるわけです。

14）1）に同じ、328頁。

2 教育課程の評価と再編成

前節 2-1)-⑤で述べた通り、「教育課程」の編成手順の事後段階では「教育課程を実施した結果を評価し、次の編成に生かす」ことが求められています。この作業について、幼稚園教育要領は、以下の取り組みを重視することを求めています。

> 各幼稚園においては、6に示す全体的な計画にも留意しながら、「幼児期の終わりまでに育ってほしい姿」を踏まえ教育課程を編成すること、教育課程の実施状況を評価してその改善を図っていくこと、教育課程の実施に必要な人的又は物的な体制を確保するとともにその改善を図っていくことなどを通して、教育課程に基づき組織的かつ計画的に各幼稚園の教育活動の質の向上を図っていくこと（以下「カリキュラム・マネジメント」という。）に努めるものとする。
> （「第1章　総則　第3　教育課程の役割と編成等　1　教育課程の役割」より）

このように、幼稚園の「基本的な計画」である「教育課程」の見直しについては、「カリキュラム・マネジメント」を推進するなかで、実施することを求めています。

では、「カリキュラム・マネジメント」とは、いったいどのような取り組みなのでしょうか。この点について、本書の第1章第3節 2-1) でも紹介した幼稚園教育要領改訂の基本的な方向性を策定した「幼稚園、小学校、中学校、高等学校及び特別支援学校の学習指導要領等の改善及び必要な方策等について（答申）」（以下、「中教審答申」と略）は、以下のように述べています。

> 各学校には、学習指導要領等を受け止めつつ、子供たちの姿や地域の実情等を踏まえて、各学校が設定する学校教育目標を実現するために、学習指導要領等に基づき教育課程を編成し、それを実施・評価し改善していくことが求められる。これが、いわゆる「カリキュラム・マネジメント」である[15)]。

このように「カリキュラム・マネジメント」とは、「教育目標」を実現するため、「計画→実施→評価→改善」という営みを連動させる営みを指すわけです。ちなみに、計画はPlan、実施はDo、評価はCheck、改善はActionとも言い換えられるため「カリキュラム・マネジメント」は、それぞれの頭文字を取った「PDCAサイクル」とも呼ばれています。したがって、保育における「カリキュラム・マネジメント」とは、幼稚園教育要領が求めるように「教育課程に基づき組織的かつ計画的に各幼稚園は教育活動の質の向上」を目指して「PDCAサイクル」を機能させることとなります。

また、幼稚園教育要領は「カリキュラム・マネジメント」について、以下のとおり、「学校評価」[*8]

＊8　学校評価：学校教育法第42条（幼稚園については第28条より準用）、学校教育法施行規則第66条～第68条（幼稚園については第39条より準用）、並びに幼稚園設置基準に基づくもの。具体的には「自己評価」「学校関係者評価」「第三者評価」の三つの評価から構成されている。特に、「自己評価」の実施とその結果の公表に努めることが求められている。

15) 中央教育審議会「幼稚園、小学校、中学校、高等学校及び特別支援学校の学習指導要領等の改善及び必要な方策等について（答申）」平成28年12月21日付、中教審第197号、23頁

と関連させながら推進することも求めています。

1　各幼稚園においては、園長の方針の下に、園務分掌に基づき教職員が適切に役割を分担しつつ、相互に連携しながら、教育課程や指導の改善を図るものとする。また、各幼稚園が行う学校評価については、教育課程の編成、実施、改善が教育活動や幼稚園運営の中核となることを踏まえ、カリキュラム・マネジメントと関連付けながら実施するよう留意するものとする。
（「第１章　総則　第６　幼稚園運営上の留意事項」より）

この「学校評価」とは、教育活動をはじめ、預かり保育や子育て支援など、幼稚園として取り組むすべての業務を対象に、園全体で組織的・継続的に改善を図る取り組みです。自園の教育活動は「教育課程」、預かり保育や子育て支援活動は「全体的な計画」に基づき実施されていくわけですから、それらに食育の視点が適切に取り入れられているかについて、また、「望ましい食習慣の形成」といった食育の目標の達成状況などについて、園長のリーダーシップのもと、全教職員が「PDCA サイクル」を機能させながら把握し、改善していくことなどを進めるわけです。

このように、「教育課程」の評価は「カリキュラム・マネジメント」の一環と捉え、推進していくとともに、「学校評価」の中核を成すものと位置づけ、その結果を次なる「教育課程」の再編成に結びつけていくわけです。こうした一連のプロセスを、食育の視点も含めて展開していくことが求められているわけです。

3 指導計画の評価と改善

前節 2-2)-⑤で述べたとおり、「指導計画」の作成手順の事後段階では「評価を生かした指導計画の改善」を進めることが求められています。この作業について、幼稚園教育要領解説は、以下の点を指摘しています。

保育における評価は、このような指導の過程の全体に対して行われるものである。この場合の評価は幼児の発達の理解と教師の指導の改善という両面から行うことが大切である。幼児理解に関しては、幼児の生活の実態や発達の理解が適切であったかどうかなどを重視することが大切である[16)]。

このように、実践に関連する保育の評価は「幼児の発達の理解」（以下「幼児理解」と略）と、「教師の指導の改善」の二つの側面から行うことが求められているわけです。したがって、「具体的な計画」

16）2）に同じ、104頁

で「指導計画」の評価、また改善も、この両面から実施することになります。以下、この両面に基づく、「指導計画」の評価、また改善の要点を概観してみましょう。

1）幼児理解に基づく指導計画の評価

「幼児理解」に基づく評価について、幼稚園教育要領は、以下のように述べています。

> 4　幼児理解に基づいた評価の実施
>
> 幼児一人一人の発達の理解に基づいた評価の実施に当たっては、次の事項に配慮するものとする。
>
> (1)　指導の過程を振り返りながら幼児の理解を進め、幼児一人一人のよさや可能性などを把握し、指導の改善に生かすようにすること。その際、他の幼児との比較や一定の基準に対する達成度についての評定によって捉えるものではないことに留意すること。
>
> (2)　評価の妥当性や信頼性が高められるよう創意工夫を行い、組織的かつ計画的な取組を推進するとともに、次年度又は小学校等にその内容が適切に引き継がれるようにすること。
>
> （「第１章　総則　第４　指導計画の作成と幼児理解に基づいた評価」より）

このように、幼稚園教育要領は、まず「指導計画」に基づき実践したプロセスを振り返り、担当する幼児を理解することが重要であり、この「幼児理解」に基づき、翌日、翌週、翌月などの「指導計画」を作成し、指導の改善に努めることを求めています。食育の視点から見れば、幼児一人ひとりの喫食状況をはじめ、食習慣の習得状況、食べ物への興味・関心などを把握し、それぞれの実情に即した適切な対応を見通していくわけです。

なお、「幼児理解」に基づく評価について、幼稚園教育要領が「評定によって捉えるものではない」と指摘している点は重要です。一般に「評定」とは、保育者が幼児の状態を客観的に価値決定する行為とされ、「できる・おおむねできる・できない」あるいは「５・４・３・２・１」というように数量的に幼児の実情を判定するものです。いわば、「評定」は幼児を値踏みする行為であり、「幼児理解」に基づく評価はこうした行為とは異なる、と指摘しているわけです。

幼児一人ひとりの喫食状況や食習慣の習得状況は、チェックリストなどを使い、「できる・おおむねできる・できない」という基準でなされるケースもあるようですし、こうした「評定」を進めると、幼児同士を比較し、「できる子」「できない子」に区分することにもつながりかねません。幼児の食習慣や食行動は、目に見えやすいものだけに、「評定」ではなく、「評価」の観点から進めることが重要となります。

こうした「幼児理解」に基づく評価を適切に進めていくためには、指導の過程に見られた幼児の姿を丁寧に記録しながら、一人ひとりの実情を具体的に把握することが大切です。前述の「カリキュラム・マネジメント」を機能させるうえでも、こうした記録は大変重要となりますから、文字記録・映像記録など、さまざまな記録方法を活用し、丁寧な評価を進め、「指導計画」の改善につなげていきましょう。

なお、年長５歳児を担当する保育者は、園長の承認のもと、幼稚園生活の修了時点での姿を就学する小学校に引き継ぐため、幼稚園幼児指導要録の「指導に関する記録」を「幼児期の終わりまでに育ってほしい姿」、ならびに食育の視点も踏まえて記載し、小学校に送付することが求められます。小学校の教師、特に１年生を担当する教師が給食指導をはじめ、生活科などを通して幅広い食育実践を展開できるよう、参考となる姿を丁寧に伝えることを心がけていきましょう。

2）教師（保育者）の指導の改善につなげる指導計画の評価

実践に関連する保育の評価のうち、もう一つの側面である「教師の指導の改善」について、幼稚園教育要領解説は、以下の点を指摘しています。

> 指導に関しては、指導計画で設定した具体的なねらいや内容が適切であったかどうか、環境の構成が適切であったかどうか、幼児の活動に沿って必要な援助が行われたかどうかなどを重視しなければならない。さらに、これらの評価を生かして指導計画を改善していくことは、充実した生活をつくり出す上で重要である。

このように、幼稚園教育要領は「教師の指導の改善」について、「指導計画」の項目、たとえば「ねらい」「内容」「環境構成」「子どもの活動」「指導上の留意点」などに記載した事項に基づき、振り返ることを求めているわけです。言い換えれば、「教師の指導の改善」は「指導計画」を基準に進めていくことが求められているわけです。「指導計画」が実践に向けた「具体的な計画」であることを踏まえれば、当然の指摘といえるでしょう。自らの食育実践の適切さも、食育の視点を取り入れて作成した「指導計画」の記載事項に基づいて評価し、それを翌日、翌週、翌月などの「指導計画」の改善に結びつけていくよう、努力していきましょう。

なお、こうした「指導計画」に基づく評価を適切に進めていくためには、「幼児理解」に基づく評価と同様、自らの指導の過程を丁寧に記録することが求められます。

こうした自らの指導の過程を記録したものは、一般に実践記録と呼ばれます。「幼児理解」に基づく評価をより丁寧に進める際は、幼児一人ひとりを個別に記録したもの、いわゆる幼児の個人記録が主になることが多いと思いますが、実践記録は、保育者が日々実践するクラス全員を対象とした保育を記録することが主となります。そのため、記録の主軸は幼児の姿よりも、自らの指導の過程となります。保育の記録というと、幼児のことばかりを記載し、「指導計画」に基づき、実践を進めた肝心の保育者である自分自身が登場しないケースも見られます。こうした記録に陥らないよう、注意していきましょう。

そして、実践記録を書いた後は、記録に掲げた実践の事実を自ら反省・考察（省察）していくことが大切です。こうした営みは自己省察と呼ばれ、保育者自身の振り返り活動の最も重要な点となります。

ただ、自分のことを自分で振り返る自己省察にも限界はあります。たとえば、大変謙虚な保育者は自らの指導の過程について、マイナス面ばかりを挙げるかもしれません。どんな実践にもプラス・マイナス両面があることを踏まえると、こうした評価は適切ではありません。しかし、保育者の個性、また経験年数などによっては、このように自分を振り返る作業がバランスを欠くことも起こるわけです。

こうした事態を避けるための方策として、保育者同士による相互省察があります。具体的には、実践記録に基づき、互いの実践を振り返り、次なる「指導計画」の改善を一緒に考えていくわけです。食育の視点を踏まえれば、話し合いの場に調理員など食事をつくる職員の参加も求め、対等な立場で議論、検討し合うとよいでしょう。さらに、外部講師を招き、検討を進める「保育カンファレンス」[*9]を実施することも効果的な方法となるでしょう。キャリアアップ研修を修了した保育者が率先し、こうした話し合いの場をつくり、相互省察を深めていくことが期待されます。■

ワーク

- **「望ましい食習慣の形成」に関して、年齢別に把握しておきたい評価項目を具体的に考えてみましょう。**
- **自園の食にかかわる子どもの姿と保育者のかかわりを振り返り、改善点を整理してみましょう。**
- **食育実践の振り返りに役立つ園内の会議や研修のあり方を考えてみましょう。また、振り返りを、次なるカリキュラムづくりに活かす方法も考えてみましょう。**

＊9　保育カンファレンス：医療現場で、医師や看護師、カウンセラー、ケースワーカーなどが一堂に会し、臨床事例に対し、それぞれの立場から意見を述べ、より適切な診断や処置、さらに各自の専門的力量を向上させる機会を指すカンファレンスを保育に援用したもの。一般的な会議とは異なり、意図的に立場が異なる人々が集い、一つのテーマを多角的に検討、協議し、同時に互いを高め合う機会を指すものである。

column

厚生労働省が示す食事の提供ガイドライン

給食の実施が求められる保育所に対し、厚生労働省は、2012（平成24）年３月に食事の提供に特化した「保育所における食事の提供ガイドライン」を策定・通知しました。

まず「第１章　子どもの食をめぐる現状」では、朝食欠食やさまざまな「こ食」の実態、間食の与え方などの問題点を指摘しています。また、保育所の食事の提供状況を「自園調理」「外部委託」「外部搬入」の三つの形態から調査し、「自園調理」が大半を占める実態と、今後も「自園調理」の維持を求める意見が大半を占めていることなどを明らかにしています。次に「第２章　保育所における食事の提供の意義」では、子どもの食べる機能や味覚の発達、精神発達を促す点などを指摘しています。さらに「第３章　保育所における食事の提供の具体的なあり方」では、「自園調理」を基本とするなか、子ども一人ひとりの状況に合わせて、臨機応変に食事を提供することなどを求めています。そして「第４章　保育所における食事の提供の評価」では「食の提供における質の向上のためのチェックリスト」などを例示しています。最後に「第５章　好事例集」では、食事の提供、ならびに食育の推進について、創意工夫している保育所の実践例を紹介しています。

乳幼児期の食をめぐる問題状況の把握をはじめ、「自園調理」を導入する際のポイントや、食事提供の質を評価する方法を検討するうえで参考にするとよいでしょう。

参考文献
▶師岡章『食育と保育――子どもの姿が見える食育の実践』メイト、2012年
▶師岡章『保育カリキュラム総論――実践に連動した計画・評価のあり方、進め方』同文書院、2015年

第3章

食事の提供

第1節 食事の意義

節のねらい

- 食事の意義を説明することができる
- 朝食摂取の大切さを説明することができる
- 「日本人の食事摂取基準（2020年版）」に基づいた食事の指標があることを説明できる

1 食事摂取の現状

現在、世界の主要国の中で日本人の平均寿命はトップレベルに達し、国民の栄養摂取状況は平均的にはおおむね良好にみえます。しかし、個々にみると食事の内容には個人間差、世帯格差が広がり、とりわけ近年では経済的な格差が栄養摂取の状態に影響していることが指摘されています（厚生労働省、2018）。また、年齢階級別の１人当たり１日の食事摂取量の平均値をみると、乳幼児をもつ子育て世代（20歳代、30歳代）のエネルギーおよび栄養素（たんぱく質・食物繊維・ビタミンＡ／ビタミンＤ／葉酸（造血に欠かせないビタミンの一種）／ビタミンＣ・カリウム・カルシウム・鉄）の摂取量は、60歳代の摂取量より少なくなっています（表3-1）。

今日の食事内容が、明日の健康に直ちに影響はしませんが、習慣的な食事内容に問題があれば、将来の健康が危ぶまれることになります。家庭や幼稚園、保育所などで提供される食事の内容は、将来の健康的な食生活の基盤となるものです。

一方、どんなに栄養的に整った食事でも提供のされ方、食事の場の雰囲気、食事をとる時間帯などによっては、食欲がわかず、食事時間が苦痛になることさえあります。特に乳幼児期は、大人とは異なり「栄養があるから○○を食べる」といった認知思考的な食べ方をする時期ではありません。子どもが食事を楽しみ、自ら進んで食べることが最も大切です。

食事の意義として、①生命の保持、健康の維持・増進にかかわる生理的な意義、②食事をすることによって得られる満足感や精神の安定にかかわる心理的な意義、③他者とともに食べることで育まれる人間関係や食事マナーなどにかかわる社会的な意義の三つが挙げられます。

表3-1 ●栄養素等摂取量 - エネルギー・栄養素等、年齢階級別、平均値、１歳以上

	1-6歳	7-14歳	15-19歳	20-29歳	30-39歳	40-49歳	50-59歳	60-69歳	70-79歳	80歳以上
エネルギー	1,223	1,921	2,185	1,933	1,966	1,922	1,973	1,994	1,910	1,739
たんぱく質（g）	43.6	69.7	79.8	69.7	70.4	69.6	73.0	75.9	73.3	65.2
脂質（g）	38.8	63.7	72.9	65.7	64.6	63.4	64.3	62.2	57.3	48.7
*飽和脂肪酸（g）	13.01	21.85	22.14	19.89	19.19	18.55	18.44	17.66	16.17	13.66
*n-3系脂肪酸(g)	1.28	1.89	2.28	2.04	2.30	2.31	2.54	2.75	2.74	2.45
炭水化物（g）	171.0	259.4	290.8	252.0	256.8	246.7	249.5	259.9	259.8	248.1
食物繊維（g）	8.5	12.6	13.3	12.4	13.2	13.1	14.1	16.6	17.6	15.5
ビタミンA(μgRE)	376	501	482	448	492	423	510	569	643	558
ビタミンD(μg)	4.1	5.3	5.6	5.3	5.7	5.5	6.8	8.1	8.4	7.4
葉酸（μg）	153	228	257	246	257	255	294	335	360	321
ビタミンC(mg)	54	66	74	73	73	72	89	119	137	122
食塩相当量（g）	5.2	8.6	9.9	9.8	9.9	9.7	10.1	10.7	10.3	9.8
カリウム（mg）	1,463	2,163	2,194	1,993	2,105	2,077	2,312	2,599	2,688	2,378
カルシウム(mg)	396	638	475	417	439	437	479	555	583	518
鉄（mg）	4.2	6.3	7.5	7.1	7.2	7.2	7.7	8.6	8.6	7.8

出典：厚生労働省「平成30年国民健康・栄養調査　第１部　栄養素等摂取状況調査の結果」より作表

魚に多く含まれる必須脂肪酸

食塩相当量を除く栄養素で60歳代よりも若い世代で多く摂取しているものは脂質のみです。脂質は、重要なエネルギー源ですが、その種類に注意が必要です。表3-1をみると、生活習慣病予防の観点から摂りすぎに注意する飽和脂肪酸と、積極的に摂りたい必須脂肪酸（体内で作ることができないため、必ず食物から摂る必要のある脂肪酸）のn-3系脂肪酸の割合に違いがみられ、その割合は若い世代より60歳代の方が良好なことがわかります。体内で作ることができないn-3系脂肪酸は、青魚（イワシ、ニシン、サバ、サンマなど）に多く含まれることが知られています。若い世代では、魚よりも飽和脂肪酸を多く含む肉を好む傾向があります。脂肪の「質」を考えると子どもたちには肉と同様に魚も積極的に摂ってほしいものです。

2 生理的な意義

成長・発達の著しい乳幼児期の子どもでは、体重１kg当たりのエネルギーや栄養素は大人の２～３倍を摂る必要があります。そのため、１日３回の食事では摂り切れないエネルギーや栄養素を間食（おやつ）から摂ることになります。間食は、単なる「お楽しみ」ではなく、重要な栄養補給源なのです。

成長期の子どもにとって食事の生理的意義は大きく、摂取したものだけで身体が作られていきますの

で、食事の内容に留意する必要があります。

1）朝食の摂取

❶ 朝食摂取の実態

朝食の欠食率は20歳代に最も多く、次に30歳代が多くなっています。この年代は、幼児の子育て世代です。2019（令和元）年の「国民健康・栄養調査」（厚生労働省）によると幼児（1-6歳）の朝食の欠食率は、4.7%（菓子・果物などのみ：3.8%、何も食べない：0.9%）となっています（図3-1）。過去の欠食率では、2009（平成21）年は4.7%、2003（平成15）年は4.3%であり、毎年一定数の幼児が欠食していることがわかります。「平成27年度乳幼児栄養調査」では、保護者が朝食を毎日食べている場合、朝食を必ず食べる子ども（2-6歳）の割合がおよそ95%であるのに対して、保護者が「ほぼ食べない」「まったく食べない」家庭では、朝食を必ず食べる子どもの割合はおよそ79%までに減少しています。このことから、保護者の朝食習慣が子どもに影響していることがわかります。欠食といっても、「何も食べない」という回答の割合は低く、菓子・果物など「食事」とはいえないものを何かしら食べさせるといった欠食です。20歳代から30歳代の欠食では、「何も食べない」という回答が「菓子・果物のみ」を大きく上回っています。親子で、朝食に菓子や果物をとっていることも考えられますが、自分は食べなくても子どもには「何かしら」食べさせようとする保護者の姿を推測することもできます。

❷ 保護者へのアドバイスのポイント

幼稚園や認定こども園では、朝食を食べていない子どもは、午前中の活動に積極的に参加できないこ

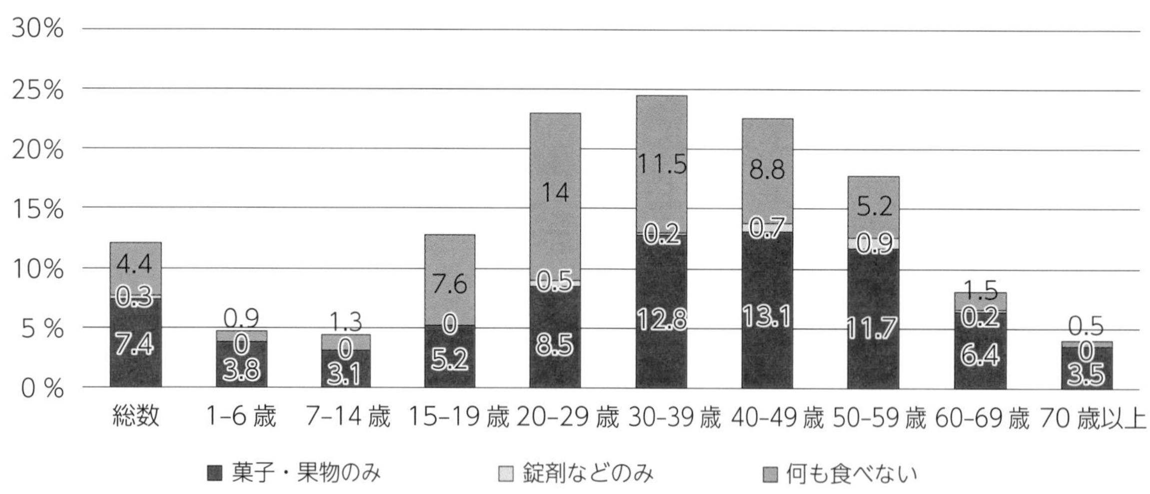

厚生労働省「令和元年「国民健康・栄養調査報告」第１部　栄養素等摂取状況調査の結果」2020年より作図

図3-1 ● 朝食の欠食率の内訳（１歳以上、年齢階級別）

とや、元気がないことがあります。まずは、そうした子どもの様子を保護者に伝えてみましょう。保護者のなかには、保護者自身が朝食を欠食している場合があります。保護者の状況に応じたアドバイスを行うことが大切です。ポイントは以下のとおりです。

朝食のポイント[1)]
① まずは“食べる習慣”をつける
② 毎日決まった時間に食べる
③ 誰かと一緒に食べる

以下に、保護者へのアドバイスの一例を紹介します。

ステップ①：「何も食べていない」場合には、何か一品なんでもよいので食べ、「食べる習慣」をつけます。

ステップ②：食べる習慣がついたら、もう一品追加しましょう（たとえば、果物＋牛乳、パン＋ヨーグルト、おにぎり＋味噌汁、という風に徐々に量を増やします）。

ステップ③：最終的にバランスのよい朝食を目指します。

「菓子・果物のみ」の朝食は、ステップ②、あと一品増やすところから勧めてみましょう。

2）生活リズムと食事

空腹で食卓に着くことは、食事への期待感を高め、おいしく食べることにつながります。１日３回の食卓に空腹の状態で向かうためには生活リズムを整えることが重要です。時間栄養学の第一人者の柴田は、ヒトの体がもっている周期（「体内時計」）に生活リズムを合わせることの重要性を提唱しています[2)]。体内時計は、24時間よりもずれているため、ヒトを含む動物は、地球の自転（１日24時間）に合わせる（リセット）必要があります。24時間に体内時計をリセットするスイッチが、光刺激（朝の光）と摂餌（せつじ）刺激（朝食）といわれています。体内時計をリセットする意味でも、朝食の摂取は重要ですが、朝食のみならず１日３回（子どもは間食も含めて４回）の食事を同じ時刻に摂ることで、食事前の空腹のリズムが形成され、規則正しい生活リズムがつくられていきます。

3）エネルギーと栄養素

活動と成長を支えるためのエネルギーおよび栄養素の確保は重要です。エネルギーは熱量（単位はkcal）のことで、活動や思考などの原動力となるものです。一方、栄養素は筋肉や骨格、ホルモンや消化酵素の材料になります。「日本人の食事摂取基準（2020年版）」（厚生労働省）では、年齢区分ごとに必要とされるエネルギーや栄養素量の目安が示されています。

1）「早寝早起き朝ごはん」全国協議会「早寝早起き朝ごはんガイド（幼児用）」

QRコード

2）柴田重信「【解説】時間栄養学」『化学と生物』Vol.50、No.9、641-646頁、2012年

表3-2 ●小児（3-5歳）の推定エネルギー必要量

	男児			女児		
身体活動レベル	Ⅰ	Ⅱ	Ⅲ	Ⅰ	Ⅱ	Ⅲ
エネルギー（kcal/日）	—	1,300	—	—	1,250	—

出典：厚生労働省「日本人の食事摂取基準2020年版」

幼児（3-5歳）の推定エネルギー必要量は、男児で1300kcal／日、女児で1250kcal／日となっています（表3-2）。そのほか、たんぱく質、脂質、炭水化物、ビタミン、ミネラルといった各種栄養素について、①推定平均必要量、②推奨量、③目安量、④耐容上限量、⑤目標量の五つの指標が示されています（表3-3）。五つの指標については表3-4の説明を参考にしてください。このような栄養量の数値は、さまざまな研究結果からエビデンスに基づいて策定されています。栄養士・管理栄養士が献立を立てる際にはこの数値を参考にしています。幼稚園等の現場で、保育者等がこの数値を使用することはありませんが、このような基準があることを知っておく必要があるでしょう。一方、子どもには個人差があることは、いうまでもありません。少しの食事量でも活発に活動する子、食事量が多くても平均的な体格を保っている子どもなどさまざまです。個人差に配慮することも大切です。

上記の食事摂取基準をもとにして文部科学省は、「学校給食において摂取すべき各栄養素の基準値」（「学校給食実施基準」）を定めています（表3-5）。この基準は、学校給食を実施している小学校、中学校、高等学校の児童・生徒を主な対象者としていますが、５歳児のところは「幼稚園児」を示しています。幼稚園では、学校給食のシステムはありませんが、食事摂取基準上は昼食で上記のような栄養価を満たす必要があるということです。

3 心理的な意義

食事には食事を摂ることによって得られる充足感、満足感、精神的な安定感など心理的な意義もあります。「空腹感」や「満腹感」は体内の栄養素が枯渇したり、摂食によって満たされて摂食が抑制されたりする摂食に対する欲求ですが、「食欲」は出生後の食事体験によって形成される‘食べてみたい’と感じる感覚です。つまり、空腹感と満腹感は生命保持のための本能的な感覚であるのに対して、「食欲」は心理的、精神的な要因によって影響を受ける後天的な感覚なのです[3)]。

子どもは空腹感のみで食欲を覚えるのではありません。食事の前に友だちとのトラブルがあったとき

3） 川端輝江・庄司久美子『基礎栄養学――栄養素のはたらきを理解するために』アイ・ケイコーポレーション、13頁、2020年

表3-3 ●小児（3-5歳）の食事摂取基準

栄養素			男児					女児				
			推定平均必要量	推奨量	目安量	耐容上限量	目標量	推定平均必要量	推奨量	目安量	耐容上限量	目標量
たんぱく質		(g/日)	20	25	—	—	—	20	25	—	—	—
		(%エネルギー)	—	—	—	—	13～20[1]	—	—	—	—	13～20[1]
脂質		脂質 (%エネルギー)	—	—	—	—	20～30[1]	—	—	—	—	20～30[1]
		飽和脂肪酸 (%エネルギー)	—	—	—	—	10以下[1]	—	—	—	—	10以下[1]
		n-6系脂肪酸 (g/日)	—	—	6	—	—	—	—	6	—	—
		n-3系脂肪酸 (g/日)	—	—	1.1	—	—	—	—	1.0	—	—
炭水化物		炭水化物(%エネルギー)	—	—	—	—	50～65[1]	—	—	—	—	50～65[1]
		食物繊維 (g/日)	—	—	—	—	8以上	—	—	—	—	8以上
ビタミン	脂溶性	ビタミンA (μgRAE/日)[2]	350	450	—	700	—	350	500	—	850	—
		ビタミンD (μg/日)	—	—	3.5	30	—	—	—	4.0	30	—
		ビタミンE (mg/日)[3]	—	—	4.0	200	—	—	—	4.0	200	—
		ビタミンK (μg/日)	—	—	60	—	—	—	—	70	—	—
	水溶性	ビタミンB_1 (mg/日)	0.6	0.7	—	—	—	0.6	0.7	—	—	—
		ビタミンB_2 (mg/日)	0.7	0.8	—	—	—	0.6	0.8	—	—	—
		ナイアシン (mgNE/日)[4]	6	8	—	80 (20)	—	6	7	—	80 (20)	—
		ビタミンB_6 (mg/日)	0.5	0.6	—	15	—	0.5	0.6	—	15	—
		ビタミンB_{12} (μg/日)	0.9	1.1	—	—	—	0.9	1.1	—	—	—
		葉酸 (μg/日)	90	110	—	300	—	90	110	—	300	—
		パントテン酸 (mg/日)	—	—	4	—	—	—	—	4	—	—
		ビオチン (μg/日)	—	—	20	—	—	—	—	20	—	—
		ビタミンC (mg/日)	40	50	—	—	—	40	50	—	—	—
ミネラル	多量	ナトリウム (mg/日)	—	—	—	—	—	—	—	—	—	—
		(食塩相当量) (g/日)	—	—	—	—	3.5未満	—	—	—	—	3.5未満
		カリウム (mg/日)	—	—	1,000	—	1,400以上	—	—	1,000	—	1,400以上
		カルシウム (mg/日)	500	600	—	—	—	450	550	—	—	—
		マグネシウム (mg/日)[5]	80	100	—	—	—	80	100	—	—	—
		リン (mg/日)	—	—	700	—	—	—	—	700	—	—
	微量	鉄 (mg/日)	4.0	5.5	—	25	—	4.0	5.5	—	25	—
		亜鉛 (mg/日)	3	4	—	—	—	3	3	—	—	—
		銅 (mg/日)	0.3	0.4	—	—	—	0.3	0.3	—	—	—
		マンガン (mg/日)	—	—	1.5	—	—	—	—	1.5	—	—
		ヨウ素 (μg/日)	45	60	—	400	—	45	60	—	400	—
		セレン (μg/日)	10	15	—	100	—	10	10	—	100	—
		クロム (μg/日)	—	—	—	—	—	—	—	—	—	—
		モリブデン (μg/日)	10	10	—	—	—	10	10	—	—	—

1 範囲に関しては、おおむねの値を示したものであり、弾力的に運用すること。
2 推定平均必要量、推奨量はプロビタミンAカロテノイドを含む。耐容上限量は、プロビタミンAカロテノイドを含まない。
3 α-トコフェロールについて算定した。α-トコフェロール以外のビタミンEは含んでいない。
4 耐容上限量は、ニコチンアミドの重量（mg/日）、（ ）内はニコチン酸の重量（mg/日）。
5 通常の食品以外からの摂取量の耐容上限量は、小児では5mg/kg体重/日とした。通常の食品からの摂取の場合、耐容上限量は設定しない。
出典：表3-2と同じ

表3-4 ●五つの指標による栄養素の摂取量

① 推定平均必要量 (estimated average requirement：EAR)	ある対象集団に属する50%の者が必要量を満たす（同時に、50%の者が必要量を満たさない）と推定される摂取量を示します。
② 推奨量 (recommended dietary allowance：RDA)	ある対象集団に属するほとんどの者(97～98%)が充足している量を示します。
③ 目安量 (adequate intake：AI)	特定の集団における、ある一定の栄養状態を維持するのに十分な量を示します。(十分な科学的根拠が得られず「推定平均必要量」が算定できない場合に算定された摂取量です。)
④ 耐容上限量 (tolerable upper intake level：UL)	健康障害をもたらすリスクがないとみなされる習慣的な摂取量の上限を示したものです。
⑤ 目標量 (tentative dietary goal for preventing life-style related diseases：DG)	生活習慣病の発症予防を目的として、現在の日本人が当面の目標とすべき摂取量を示します。 (目標量については、目標量以上を目指すもの（食物繊維、カリウム）と、目標量以下（あるいは未満）を目指すもの（飽和脂肪酸、食塩相当量（栄養素としてはナトリウムの項目））があります。)

出典：厚生労働省「日本人の食事摂取基準（2020年版）」策定検討報告書をもとに作成

表3-5 ●学校給食において摂取すべき各栄養素の基準値

	エネルギー (kcal)	たんぱく質 (%エネルギー)	脂質 (%エネルギー)	食物繊維 (g)	ビタミンA (μgRAE)	ビタミンB_1 (mg)	ビタミンB_2 (mg)	ビタミンC (mg)	ナトリウム(食塩相当量) (g)	カルシウム (mg)	マグネシウム (mg)	鉄 (mg)
5歳	490	13-20	20-30	4以上	180	0.3	0.3	15	1.5未満	290	30	2
6-7歳	530	13-20	20-30	4以上	170	0.3	0.4	20	2未満	290	40	2.5
8-9歳	650	13-20	20-30	5以上	200	0.4	0.4	20	2未満	350	50	3
10-11歳	780	13-20	20-30	5以上	240	0.5	0.5	25	2.5未満	360	70	4
12-14歳	830	13-20	20-30	6.5以上	300	0.5	0.6	30	2.5未満	450	120	4
15-17歳	860	13-20	20-30	7以上	310	0.5	0.6	35	2.5未満	360	130	4

表に掲げるもののほか、亜鉛についても示した摂取について配慮すること。
亜鉛・・5歳：1 mg、6～7歳：2 mg、8～9歳：2 mg、10～11歳：2 mg、12～14歳：3 mg、15～17歳：3 mg
出典：文部科学省「学校給食において摂取すべき各栄養素の基準値」(「学校給食実施基準」)

や、食事よりも遊びを継続したいときなど、食欲が減退することもあるでしょう。反対にそれほど空腹感がなくても、仲間や保育者と楽しく食卓を囲むことで食欲が湧いてくることもあります。そうした意味では、食育の活動は、食を営む力の基礎となる食への興味関心を育むと同時に、目前に控えた食事への食欲を育むことにもつながります。一方、食卓で頻繁に摂食を促す言葉がけをすることや、食べ物の無理強いは食欲を減退させることになるだけでなく、そのことが嫌な思い出として残り、将来的にその食べ物に対して嫌悪を抱くようになることが報告されているので、注意したいものです[4)]。

4 社会的な意義

食事をとるということは、元来、地域の食文化に規定され伝統や慣習に支えられた極めて社会文化歴史的な営みです。幼稚園教育要領では、心身の健康に関する領域「健康」において「先生や友だちと食べることを楽しみ、食べ物への興味や関心をもつ」ことが指導の内容とされています。食習慣を含む生活習慣の基盤は家庭で形成されますが、家庭を離れた別のコミュニティで、他者と食卓を囲む経験は子どもの社会性を育みます。食卓では、「いただきます」や「ごちそうさま」の挨拶をはじめとして、食事中に友だちと大声で話さないこと、食具は正しい持ち方で使用すること、食事時間という時間的な制約、などの食事のマナーを身に付けていきます。また、食事前の活動で意気投合した仲間同士で食事の席を隣同士にする約束をするなど食事を媒介にして仲間や保育者と食べる楽しさを味わいながら、人間関係の深まりが期待できます。■

ワーク

- **幼稚園等の食事の役割と意義について列挙してみましょう。また、役割や意義を感じた具体的な事例をグループ内で発表しましょう。**
- **幼稚園等で、食事に課題がある子どもへの対応を話し合いましょう。**

4）Galloway, A. T., Fiorito, L. M., Francis, L., & Birch, L. L. 'Finish your soup': Counterproductive effects of pressuring children to eat on intake and affect. *Appetite, 46*（3）, 318-323, 2006

第2節　提供する食事の質の向上

節のねらい
- 幼稚園におけるさまざまな食事提供について説明することができる
- 子どもの食事および間食についての留意点を説明できる
- 家庭から持参する弁当に関する保護者への啓蒙について理解する

1　食事提供の形態の違いを踏まえた留意点

幼稚園等で提供される食事の形態には、１）家庭から持参する弁当、２）外部から搬入される弁当型の給食、３）家庭からの弁当と弁当型の給食の併用、４）自園調理による給食の四つに分類することができます。それぞれの特徴を踏まえて、提供される食事の質の向上を目指してどのような留意点があるか、栄養価・食事量・温度・食への親しみやすさ・食育・衛生面などの観点から考えてみましょう。

１）家庭から持参する弁当

家庭から持参する弁当の栄養的な配慮は、保護者の食事に対する意識が反映されます。かつて、毎日保護者が手作りの弁当を子どもに持たせていた1970年代の頃の食事は、現在の食事と比較するとバランスが取れていました。ある研究では､1975（昭和50）年の頃の食事は品数が多く、調理方法も煮る、焼くなどが中心で揚げ物が少なく、調味料も発酵系の調味料を多く使用し理想的な食事だったことを明らかにしています[5)]。その頃は、食のしつけは家庭にお任せして、幼稚園では楽しく食べられるように「好きなものだけ」を詰めてもらえばよかったかもしれません。しかし、現代の保護者世代の食事摂取の状況に鑑みると栄養的な配慮に欠ける弁当もあることが推察されます。一方で今も昔も、子どもは保護者の作った弁当には特別な親しみをもって、喜んで食べています。

幼稚園等では、家庭の弁当に何をお願いしていますか？ 「苦手な料理＝楽しく食べることができない」というわけではありません。好きなものや食べたいものを増やすためにも、「ちょっぴり苦手な食べ物」も弁当に入れてもらうような提案をするのもよいのではないでしょうか。友だちと一緒なら食べられるかもしれません。

登園前に余裕があれば、子どもと一緒におかずを詰めたり、弁当を包んだりするのを手伝ってもらうのも楽しく食べるきっかけになります。しかし、衛生面には十分な注意が必要です。最近は、室内では

5）都築毅「日本食の健康機能の科学的評価」『日本栄養士会雑誌』第60巻、第11号、29-36頁、2017年

冷暖房が完備され、季節を問わず食中毒が発生するようになっていますが、登園時間の気温を考えると夏場は特に注意が必要になります。弁当を詰めるときは、初めに少し冷ましたご飯を詰めて、さらに冷ましておきます（完全に冷めたご飯は弁当箱に詰めにくくなるため）。その後、冷ましておいたおかずを詰めていきます。衛生面を考えると、キャラクター弁当のような手の込んだものは特に注意が必要です（特に夏に向けては、菌が繁殖しやすくなります）。

2）外部から搬入される弁当型の給食

近年は、家庭から持参する弁当では保護者の負担感が大きいことから、外部搬入の弁当給食を利用する幼稚園等も少なくありません。外部搬入の弁当は、業者によって内容はさまざまです。たとえば、Aの業者では、手作りにこだわって冷凍食品を使用しない、煮物や魚の照り焼きなどのおかずも入れるなど和食を中心としたメニューを提供し、Bの業者では、子どもが喜ぶメニューとしてお子様ランチ風の洋食メニューでハンバーグ、チキンライス、白身魚のフライなどが弁当に色鮮やかに詰められたメニューを展開するなど、それぞれの業者が考える子どもへのアプローチがあります。一概にどれがよいとは言えませんが、幼稚園等の方針として食育の視点から弁当業者を吟味して選ぶことは重要です。前述したように、幼児期の子どもにとって昼食は重要な栄養補給の一食です。地域性や家庭の実情に配慮した食事提供も必要になります。

食事の分量は、3歳児から5歳児まで同じ大きさの弁当箱に詰められている場合は、3歳児には量が多すぎて5歳児には物足りないということがあるかもしれません。一人ひとりの食事量に応じた配慮や工夫が必要になるでしょう。衛生面については、衛生管理マニュアルのもとに十分な配慮がなされているかどうか、業者を選定する際のポイントにもなります。

3）家庭からの弁当と弁当型の給食の併用

この形態は、1）と2）の両方のメリットを併用した形態です。家庭からの弁当と弁当型給食の日数の割合は幼稚園等によって異なります。週に何回ずつの併用にするのかを食育の視点も含めて検討することも重要です。業者の選定が重要であることは、上記2）で記したとおりです。また、家庭から持参する弁当と業者による弁当給食のどちらかを保護者が選択し、同じ食事場面でも園児によって弁当形態が異なる幼稚園等もあるでしょう。食育の観点では異なる弁当形態であっても、食べ物を話題にした会話はできます。摂食を促す発話に偏らず、子どもと一緒に食べ物にまつわる楽しい会話を心がけましょう。

4）自園調理による給食

自園調理の場合は、調理室が併設されています。調理室を保育環境と捉えて、調理員とのかかわりも大切にしましょう。調理している人の顔が見えることは、調理する人への関心や感謝の気持ちを育むことにつながります。栄養士等が配置されている場合は、栄養管理された献立をもとに食物アレルギー児への配慮等、子ども一人ひとりに応じた配慮が求められます。食育の観点では、野菜の栽培活動などで収穫したものを調理することなども可能です。調理活動は保育者と給食担当者が連携して、衛生面には十分に配慮しましょう。自園での調理では、適温での食事提供が可能です。日々の給食を「生きた教材」として、寒い日に温かい汁物を「フーフーして」自分で冷ましながら食べる経験をすることなども自園給食ならではといえるでしょう。

2 子どもの食事および間食の留意点

1）よくかんで食べる

日本人の子どもは、およそ3歳頃に乳歯が生えそろい、硬さのある食べ物をかみ潰して食べることができるようになります[6)]。よくかんで食べることで唾液の分泌が増え、口腔内が清潔に保たれ虫歯の予防につながります。また、唾液に含まれる消化酵素の働きで消化しやすくなるというメリットがあります。子どもの食事は、食べやすいことは大切ですが、一方で「よくかんで食べる」ことも必要です。奥歯の生えそろう3歳以降は、歯ごたえのある食物をよくかんで食べることを促します。間食にスルメイカや煮干しなど、よくかむことで味の出るものを時折提供するのもよいでしょう。

近年、ミニトマトや白玉団子、ブドウなどによる誤嚥事故が幼稚園、保育所等で起きています。よくかんで食べることを子どもに伝え、咀嚼（そしゃく）を学習することで誤嚥事故の予防を図ります。一方で、保育者等は「教育･保育施設等における事故防止及び事故発生時の対応のためのガイドライン」[7)]等を参考に、事故の予防と事故が発生した際の対応についても職員間で共有しておくことが重要です。

2）味付け

味付けは、薄味が基本です。「日本人の食事摂取基準（2020年版）」（厚生労働省）では、食塩相当量は3～5歳で1日3.5g未満となっています。食塩相当量が3.5g未満といっても想像がつきにくいと思います。ポピュラーなカップ麺1杯の食塩相当量はおよそ4.9gで、ポテトチップ1袋でおよそ0.7g～1.0gです。加工食品には多くの塩分が含まれています。幼児期の子どもにカップ麺やポテトチップを与えることは少ないかもしれませんが、食塩相当量の目安を大人が認識しておくことは必要です。ポテトチップ以外のスナック菓子も塩分は同様に高いので、与える際には袋ごとではなく、皿に移して分量を制限することが大切です。幼児期の味覚形成において濃い味に慣れてしまうと将来の食生活

6）小児科と小児歯科の保健検討委員会「歯からみた幼児食の進め方」平成19年1月25日

QRコード

7）「教育・保育施設等における事故防止及び事故発生時の対応のためのガイドライン【事故防止のための取組み】～施設・事業者向け～」平成28年3月、18頁

QRコード

においても濃い味を好むようになり高血圧症等を引き起こす原因になりかねません。日本人は、諸外国に比べて塩分摂取が高くなっています。子どもだけではなく大人も薄味を心がけるようにしたいものです。

3）間食

間食は幼児期の子どもにとっては栄養補給の観点からも必要なものです。与える際には、間食の質と量、そして与える時間を考えましょう。大人は、おやつは「甘いもの」と考えがちですが、子どもの間食は、３回の食事では摂り切れないエネルギーや栄養素、水分などを補う役割があります。必ずしも菓子類でなくてもよく、軽食と考えてもよいでしょう。分量と与える時間には注意します。次の食事時間までおよそ２時間前まで、与える分量は次の食事に影響のない程度にします。幼児の間食には果物やヨーグルト、ふかし芋、おにぎりやサンドイッチなども適しています。

3 家庭から持参する弁当に関する保護者への情報発信

幼稚園児の弁当の実態とその問題点を調査した研究では、以下の点が報告されています[8)]。

- 幼児の弁当は「ほとんど手作り」が約３分の１で、３分の２は「冷凍食品・調理食品の使用が多い」「どちらともいえない」という回答だった。
- 弁当の主食はご飯が多く、味つけご飯やおにぎりが多く、白飯はわずかだった。
- 油脂類を使用した調理法の重なり、肉類の使用が多く、魚料理や野菜料理の使用頻度は低いなどの問題がみられた。

この調査は2004（平成16）年に行われたもので、15年以上前の実態ですが、現在でも大きく変わってはいないと考えられます。この調査の自由記述には、「弁当を作ることは楽しい反面、苦痛でもある」「義務感で作っている」「２、３日は給食にして欲しい」などが挙げられており、当時の保護者の弁当作りに対する負担感がうかがわれます。しかし一方で、この調査に参加した保護者からは、「弁当を見直す機会になった」「バランスの良い食べ方を詳しく知りたい」「間食の内容を知りたい」などの感想や要望もあったとあります。

東京都では、幼児向けの食事バランスガイドを作成しています（図3-2）。バランスガイドは、どのようなものをどのくらい食べればよいかの目安を料理の主食・主菜・副菜・牛乳／乳製品・果物の種別ごとに示しています。こうした教材は、行政からもさまざまな形で発信されています。情報として、園だよりなどで保護者に発信するのもよいでしょう。

8）江田節子「幼児の食生活に関する研究──幼稚園児の弁当の実態とその問題点」『日本食生活学会誌』Vol.17、No.3、224-230頁、2006年

〜子どもと一緒に食を育もう〜

東京都幼児向け食事バランスガイド

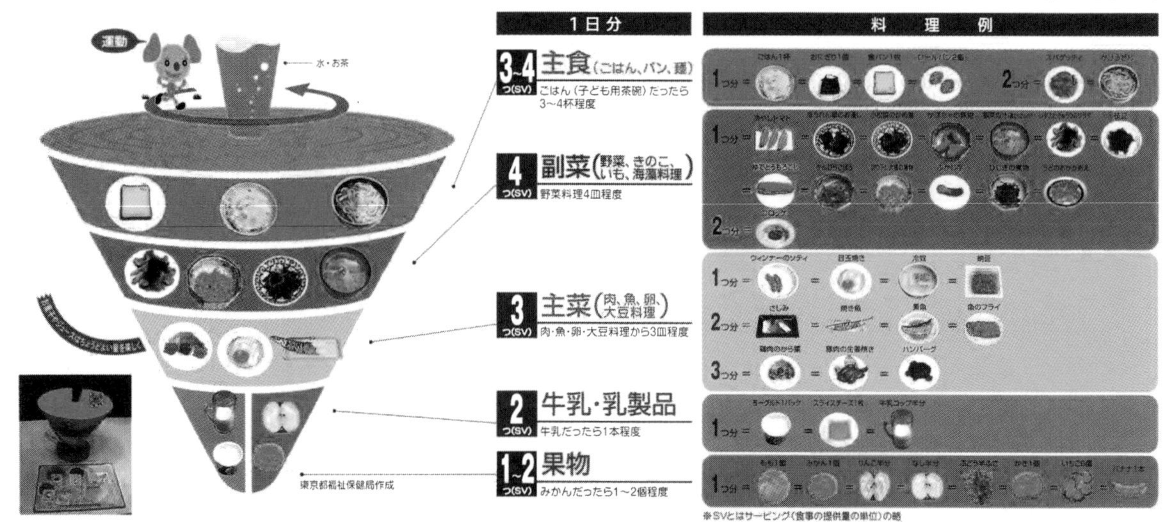

「東京都幼児向け食事バランスガイド」は、幼児の食事の望ましい組合わせとおおよその量を写真で示したものです。

日本で古くから親しまれている「コマ」をイメージして描き、食事のバランスが悪くなると倒れてしまうということ、回転（運動）することによって初めて安定するということを表しています。

※東京都幼児向け食事バランスガイドは、3〜5歳の幼児を対象にしています。

コマの中では、3〜5歳児の1日分の料理・食品の例を示しています。主食、副菜、主菜、牛乳・乳製品、果物の5つに区分し、区分ごとに「つ(SV)」という単位を用いています。また、1日の食事にかかせない水・お茶をコマの軸で、運動を東京都健康推進プラン21のマスコット「プランちゃん」でお菓子・ジュースをコマのひもで表しています。

コマの中の写真は、あくまで一例です。1日に実際にとっている料理の数を数える場合には、右側の『料理例』を参考に、いくつ（SV）とっているかを確かめることにより、1日にとる目安の数値と比べることができます。お子さんの食事の内容と比べてみてください。

栄養・食生活に関するホームページ　http://www.fukushihoken.metro.tokyo.jp/kensui/ei_sho/youzi.html

問い合わせ先　東京都福祉保健局保健政策部健康推進課　電話番号03−5320−4357（ダイヤルイン）

東京都福祉保健局

出典：東京都福祉保健局「東京都幼児向け食事バランスガイド」2006年

図3-2 ● 幼児向け食事バランスガイド

保護者の食に関する興味関心や調理技術もさまざまであり、保護者の実情に合わせた食育の支援が求められます。■

- 自分自身の現在の食生活を振り返り、よい点と改善すべき点を話し合いましょう。
- 最近の子どもの食に関するニュースで気になったことを話し合いましょう（誤嚥事故や食中毒、子ども食堂など何でもよいです）。

第3節　食事指導の留意点

節のねらい
- 「幼稚園教育要領」に示された「食育」の視点を説明することができる
- 食事指導における食事環境や食具の使用について説明することができる
- 保育者に求められることについて説明することができる

 1 幼稚園教育要領等に示された食育

幼稚園教育要領解説には、「第２章　第２節　各領域に示す事項　１　心身の健康に関する領域「健康」」に、主に食育に関連する内容が示されています。

「先生や友達と食べることを楽しみ、食べ物への興味や関心をもつ」[9]という内容は、幼児期の子どもの食育の基本です。解説では、食べることの楽しさや喜びに気づくことや、先生や仲間と一緒に食べることを楽しむといった領域「人間関係」にかかわることにも触れられています。さらに「食べ物の名前や味、色、形などに親しみながら食べ物への興味や関心を持つようにすることが、日常の食事を大切にしたりする態度を育むことにつながる」[10]とあります。

幼保連携型認定こども園教育・保育要領の「第３章　第２　食育の推進　４」では、食育のための環境として、「園児が自らの感覚や体験を通して、自然の恵みとしての食材や食の循環・環境への意識、調理する人への感謝の気持ちが育つように、園児と調理員等との関わりや、調理室など食に関する環境に配慮すること」と示されています。

ゆとりある食事時間の確保や食器や食具、テーブルや採光など、食に関する人的・物的な環境を通した食育が必要です。

1）食卓の雰囲気づくり

食事の環境は、和やかで落ち着いた雰囲気で楽しく食べることができるようにします。食事の場の雰囲気は「どのように食べるか」ということにつながります。幼稚園教育要領解説では、幼稚園では遊びと同じ場所で食事をとることが多いため、机を食卓らしくしたり、幼児が楽しく食べられるような雰囲気づくりをすることが提案されています[11]。

こうした雰囲気づくりは、年長の食事当番の活動などを通して保育者が子どもたちと一緒に行うこと

9）文部科学省編『幼稚園教育要領解説』フレーベル館、151頁、2018年
10）9）に同じ
11）9）に同じ

もできます。机を「食卓」らしくするためにはどうしたらよいかと話し合うところから始めてもよいでしょう。たとえば、食卓の中央に一輪挿しを置いてはどうか、テーブルクロスをかけるのもよいのでは、など保育者が提案していくこともできます。また、ゆとりある食事時間を確保し、子どもが急かされて食べることがないような配慮も必要です。

2）食事指導

❶ 食具の使用

箸を正しく使うための手指の発達は、4歳の誕生日の頃に完成するといわれています。しかし、多くの場合、4歳より以前に箸を持ちたがります（周囲の大人が箸を使っている場合）。上手に持てないことがわかっていても「持ってみたい」という気持ちに応えることは重要です。幼稚園の場合、3歳児クラスで入園すると誕生日を迎えれば4歳ですから年少でも箸で食事ができるようになっている子どももいるでしょう。個人差がありますので、一斉に箸の使用を開始することは難しいかもしれません。日常の遊びのなかで指先を使う遊びを用意するなどして、食卓以外でも手指の巧緻性を高める場を設けることが大切です。

箸を使用する前のスプーンの持ち方は、ペングリップ（ペンを持つときの持ち方）になっている必要があります。スプーンを使用している子どもの持ち方を確認して、ペングリップでない場合には、まずはペングリップの持ち方を指導します。

❷ 偏食と食卓の環境

「平成27年度 乳幼児栄養調査」の結果では、保護者が「現在、子どもの食事で困っていること」は、3～5歳児では「食べるのに時間がかかる」「偏食する」の回答がそれぞれ30％以上で他の項目より多くなっています[12)]。どちらの回答も「食がすすまない」状況が背後にありそうです。まずは、食事時間が適切かどうか、空腹のリズムができているかどうかを確認してみましょう。

前述の、幼稚園児の弁当の調査結果では、保護者が「子どもの弁当作りで配慮すること」で一番多かった回答は「子どもの嗜好」で、次に「彩り」でした。家庭から持参する弁当には、子どもの嗜好に合わせたものが詰められているわけです。弁当を「楽しく残さず食べること」が、「好きなものだけ食べること」を助長している可能性もあります。幼児期の子どもには「食べたいもの、好きなものが増える」[13)]子どもになってもらいたいものです。「苦手」があってもいずれ食べられるときが来るためには、その食べ物が頻繁に食卓にのぼっていることが重要です。子どもは食べず嫌いということもありますから、一口食べてみることを勧めるのもよいかもしれません。食べることができた場合に、その次の一口を食べるかどうか、改めて子どもの意思を確認してから進めましょう。拒否した場合は、無理に食べさせないようにすることが大切です。幼児期の偏食は、小学校以後に改善されることも多いので、食べなかったとしても、頻繁に食卓にのぼるという環境を保つことが重要です。

12）「平成27年度 乳幼児栄養調査」15頁

QRコード

13）厚生労働省雇用均等・児童家庭局「楽しく食べる子どもに～食からはじまる健やかガイド～」15頁、2004年

2 保育者に求められること

幼稚園の食事場面における保育者の発話の研究では、保育者の発話で最も多かったのが「摂食促し発話」で、次に「日常会話」「マナー指導会話」という報告があります[14)]。この研究では、研究の結果と考察を踏まえて幼稚園教諭に対して次のように提案をしています。

- 給食中にやや意識しながら日常会話を増やす必要がある。
- 直接的・間接的を問わず、栄養指導発話など、食に関する指導・助言を積極的に行う必要がある。
- 自らの発話回数と発話内容をときおり振り返る必要がある。
- さまざまな「摂食促し発話」をバランスよく用いる必要がある。

この研究結果では「摂食促し発話」には次のような種類が挙げられています。

- 「お野菜頑張ったね、今日はすごい」などの「価値づけ戦略」
- 「ご飯の残り、食べます。さあ、大きいお口でー、パク」のように、子どもの食べる様子を実況する「実況戦略」
- 「あと半分だけがんばれる？　じゃあ半分だけがんばろうか」など「目標設定戦略」
- 「給食の量は大丈夫ですか？」のように子どもが自己決定するように促す「自己決定戦略」
- 「お腹喜んでるよ」など栄養に関することを話す「栄養持ち出し戦略」

幼稚園の保育者は、食卓における食育の人的環境として、子どもに働きかけることが多くあることと思います。ついつい、食べさせることに集中してしまってはいないでしょうか。何とか食べさせようとする努力は大切ですが、摂食を促しすぎると「楽しく食べる」ことから遠ざかってしまうこともあるので注意しましょう。

では、保育者は食事場面でどのように子どもに接すればよいでしょうか。

大切なことは、保育者も一緒に食事を楽しむことです。保育者自身が、食べるものに興味関心をもって、食事中に思わず発する「美味しいね」「私、○○大好き」「おうちでも作ってみようかな」などの言葉は、決して全員に向けられる必要はなく、独り言でもよいかもしれません。自分の感想を子どもに話すことで、美味しさに共感したり、共感されたりすることができるでしょう。

できれば、一緒に食べる大人は箸を使って食べましょう。子どもは鋭い観察者であることを忘れずに。子どもは常に指導される立場ではありません。「大人＝いつも箸を（上手に）使う人」ということを、子どもから観られていることが大切です。

14) 今村光章「給食時における幼稚園教諭の発話分析――幼児期における「既存型」の食育の枠組みの解明を目指して」『岐阜大学教育学部研究報告 教育実践研究 第10巻』125-134頁、2008年

3 「楽しく食べること」と「新しい生活様式」

子どもが「どのように食べるか」という問いには、「楽しく食べること」という答えが一番に挙げられるでしょう。そして「何を食べるか」は、衛生面への配慮や誤嚥の防止などの衛生面や調理形態、そして家庭内に任せきりにできない栄養的な配慮を考える必要があります。また、近年では、新しい感染症予防の視点から食べる環境への新たな配慮、手洗いうがいなどの衛生面でも細かい配慮が必要な状況です。楽しく会話をしながらのこれまでのような食事の仕方は難しいかもしれませんが、せめて友だちの顔が見えるような食卓の配置、座席の位置を考えたいものです。静かに食べても決して暗い食卓にならないような工夫が望まれます。幼稚園で「みんなで楽しく食べること」こそが、「食を営む力」の基礎を培う、最も大切な食育であることは、これまでも、これからも変わりません。■

ワーク

- 日常の保育の食事場面で気をつけていることを話し合いましょう。
- 子どもの食事のことで、これまでに興味深いと思ったことや困った事例などを話し合いましょう。
- 保護者や子どもへの食育のアプローチを出し合ってみましょう。

column

弁当給食の質の向上を目指して

ある幼稚園の事例です。３歳児クラスで入園してきたＡ君は、入園当初から弁当給食にまったく手をつけようとしませんでした。先生は、なんとかＡ君に食べてもらいたいと思い、毎日声をかけて食べることを勧めていました。自宅では、白いご飯しか食べないということでしたが、幼稚園の業者から届く弁当にはご飯の上に必ず「ふりかけ」がかかっています。先生のアイディアで、ふりかけのかかったご飯を裏返して白いご飯が上になるようにしたら、気が進まないながらもＡ君は少しずつ食べるようになりました（いつもご飯が固まっていて裏返すことができました）。

年が明けて冬休みにＡ君はおじいちゃんと釣りに行き、釣った魚を１匹丸ごと食べた話を嬉しそうに先生に報告しました。それからというもの、幼稚園の弁当もほとんど残さずに食べるようになりました。

この事例では、最終的にＡ君は弁当を食べるようになりました。食べられるようになったきっかけは、釣った魚を焼いて食べた楽しい思い出かもしれませんし、入園から10か月以上経っていますから、身体の成長とともに運動量が増えたことによる空腹感、または、身体の成長に伴う食欲の増進かもしれません。食べて欲しいという先生の熱意が伝わったのかもしれません。

先生は、Ａ君に食べてもらいたい一心で一生懸命働きかけ、ときにはＡ君が泣き出してしまったこともあったといいます。食べてほしかった先生の気持ちもわかりますが、食べたくないものを毎日勧められたＡ君の気持ちを考えると気の毒に思います。まず、早めに家庭での食事の様子を聞いてみて、白いご飯を食べることがわかった時点で、弁当業者に「ふりかけ」をかけずに、幼稚園で、あとからかけられるようにお願いすることもできたかもしれません。最近の子どもは、白いご飯を食べないということで、学校給食でもふりかけや味つきのご飯が多くなっています。弁当給食も白いご飯はカレーをかけるときだけ、というところが非常に多くなっています。他方で、こだわりがあって「白いものしか食べない」という子どもも少なからずいます。

ご飯に限らず、食事の内容（あるいは弁当箱の大きさなど食事量も含めて）に対する幼稚園の要望を業者に伝えましょう。よりよい食事の内容と、提供の仕方を業者の方々と一緒に考えていくことも大切です。そうすることで、業者弁当の質の向上にもつながっていくのではないでしょうか。

第4章

特別な配慮を必要とする子どもへの指導

第1節　食物アレルギーのある子どもへの対応

節のねらい
- 食物アレルギーについて理解を深め、園での対応について考える
- 食物アレルギーの事故予防のための対策について考える

食物アレルギーとは

食物アレルギーとは、ある特定の食品を摂取したとき（食べたり、触れたり、吸い込む）に、体が敏感に反応して、生体にとって不利益な症状が起こることです。不利益な症状とは、蕁麻疹、湿疹、かゆみなどの皮膚症状、結膜充血や流涙などの眼症状、口腔の腫れ、違和感などの口腔症状、嘔吐や下痢などの消化器症状、咳、ぜん鳴などの呼吸器症状、アナフィラキシーなどの全身症状など、さまざまな症状が誘発されることです（図4-1）。私たちの体には、外から入ってきた「異物」、たとえばウイルスや細菌などから体を守る免疫機能が備わっています。食物アレルギーはこの免疫機能が過剰に反応してしまうことで起こります。食物アレルギーの原因となるのは、食べ物に含まれるたんぱく質ですが、この

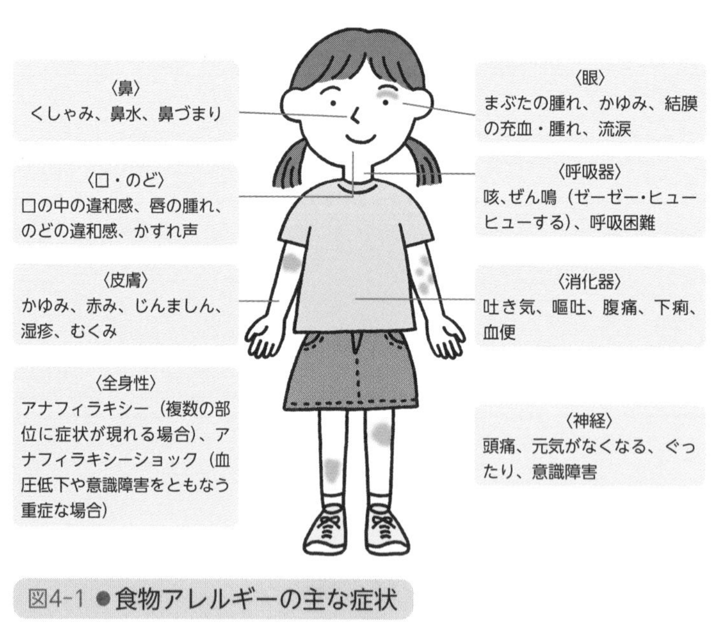

図4-1 ●食物アレルギーの主な症状

たんぱく質を体が「異物」と認識し、攻撃してしまうのです。その結果、体にとって不利益な症状が起こり、それを食物アレルギーと呼びます。東京都が2019（令和元）年10月に実施した「アレルギー疾患に関する３歳児全都調査」（都内保育施設、幼稚園、学童保育などを預かる施設5187施設を対象、回答数は2727人）によると、３歳までに何らかのアレルギー疾患があると医師に診断された子どもは38.1％で、そのうち食物アレルギーは14.9％、喘息は6.6％、アトピー性皮膚炎は11.3％でした。食物アレルギーと診断された子どものうち、12.2％がショック症状を、21.9％が誤食を経験していました。

2 食物アレルギーの原因となる食べ物

食物アレルギーの原因となる食品は、図4-2に示すように、鶏卵、牛乳、小麦の順です。そのほか、木の実類、落花生、果物類（35.6％がキウイフルーツ）、魚卵類（いくらなど）が続きます。特に、木の実類のアレルギーが増加しています。また、食物アレルギーの原因になる食品のなかでも、特に重い症状を引き起こす可能性がある７品目（卵、乳、小麦、落花生（ピーナッツ）、エビ、そば、カニ）については、食品表示法に基づき定められている食品表示基準によって加工食品への表示が義務づけられています。

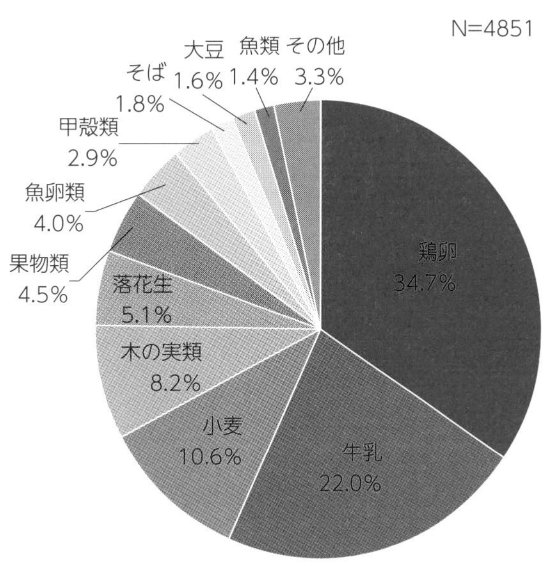

出典：消費者庁「平成30年度食物アレルギーに関連する食品表示に関する調査研究事業報告書 即時型食物アレルギーによる健康被害に関する全国実態調査」

図4-2●食物アレルギーの原因となる食品

3 食物アレルギーの病型と症状

食物アレルギーの病型は、表4-1に示すように、発症の特徴から五つに分けられます。そのうち、幼児期に多いのが「即時型」です。即時型は、原因食物を摂取し、2時間（多くの場合30分）以内に何らかの症状（蕁麻疹、持続する咳（せき）、嘔吐など）が現れ、時にはアナフィラキシー反応を起こします。即時型食物アレルギーの三大原因食品は、鶏卵、牛乳、小麦であり、全体の約3分の2を占めます。表4-2に示すように、0歳では鶏卵、牛乳、小麦がほとんどを占めますが、年齢とともに耐性を獲得し、かなりの割合で食べられるようになることが多いので、定期的に診断を受けることが必要です。

表4-1 ●食物アレルギーの病型と症状

<table>
<tr><th colspan="2">臨床型</th><th>頻度の多い発症年齢</th><th>頻度の高い食物</th><th>アナフィラキシーの危険</th><th>耐性獲得</th></tr>
<tr><td colspan="2">新生児・乳児消化管アレルギー</td><td>新生児期</td><td>牛乳</td><td>有り</td><td>多い</td></tr>
<tr><td colspan="2">食物アレルギーの関与する乳児アトピー性皮膚炎</td><td>乳児期</td><td>鶏卵、牛乳、小麦、大豆など</td><td>有り</td><td>多い</td></tr>
<tr><td colspan="2">即時型症状</td><td>乳幼児期</td><td>年齢によって異なる</td><td>高い</td><td>鶏卵・牛乳・小麦・大豆などは多く、それ以外は少ない</td></tr>
<tr><td rowspan="2">特殊型</td><td>食物依存性運動誘発アナフィラキシー（FDEIA）</td><td>学童期～成人期</td><td>小麦、エビ、果物など</td><td>高い</td><td>少ない</td></tr>
<tr><td>口腔アレルギー症候群（OAS）</td><td>学童期～成人期</td><td>果物、野菜など</td><td>低い</td><td>少ない</td></tr>
</table>

出典：厚生労働科学研究班「食物アレルギーの栄養食事指導の手引き　2017」2頁

表4-2 ●初めて食物アレルギーの症状が出現したときの原因食品

	0歳(1356)	1、2歳(676)	3-6歳(369)	7-17歳(246)	≧18歳(117)
1	鶏卵 55.6%	鶏卵 34.5%	木の実類 32.5%	果物類 21.5%	甲殻類 17.1%
2	牛乳 27.3%	魚卵類 14.5%	魚卵類 14.9%	甲殻類 15.9%	小麦 16.2%
3	小麦 12.2%	木の実類 13.8%	落花生 12.7%	木の実類 14.6%	魚類 14.5%
4		牛乳 8.7%	果物類 9.8%	小麦 8.9%	果物類 12.8%
5		果物類 6.7%	鶏卵 6.0%	鶏卵 5.3%	大豆 9.4%
小計	95.1%	78.2%	75.9%	66.2%	79.4%

注：各年齢群で５％以上を占める原因食物を示した。また、小計は各年齢群で表記されている上位食物の頻度の集計である。

出典：消費者庁「平成30年度食物アレルギーに関連する食品表示に関する調査研究事業報告書 即時型食物アレルギーによる健康被害に関する全国実態調査」、2019年

4 食物アレルギーの診断と治療

食物アレルギーの診断と治療は、必ず専門医のもとで行います。子どもの食物アレルギーが疑われるときには、医師の診断を受けるように保護者に促しましょう。また、園で食べ物を食べた後に、食物アレルギーが疑われる症状がみられた場合には、必ず保護者にその様子を伝えましょう。早期に医師の診断、治療を受けることで、食物アレルギーの重症化を防ぐことができます。

5 幼稚園・認定こども園における食物アレルギーへの対応

1）保護者との連携、「学校生活管理指導表（アレルギー疾患用）」の作成

幼稚園・認定こども園などにおいては、小学校で用いる「学校生活管理指導表（アレルギー疾患用）」(表4-3) をもとに対応を考えるとよいでしょう[*1]。「学校生活管理指導表（アレルギー疾患用）」(以下、「生活管理指導表」と記す）は、幼稚園でのアレルギーへの対応が必要な子どもの情報を把握し、園での子どもの生活を考えます。子どものアレルギー疾患に関する情報を主治医に記載してもらい、保護者

＊1 厚生労働省「保育所におけるアレルギー対応ガイドライン（2019年改訂版）」8頁に示されている「保育所におけるアレルギー疾患生活管理指導表」も併せて参考にするとよい。

QRコード

表4-3 ●学校生活管理指導表（アレルギー疾患用）

表 学校生活管理指導表（アレルギー疾患用）

名前＿＿＿＿＿＿＿＿（男・女）＿＿＿年＿＿月＿＿日生　＿＿年＿＿組　　提出日＿＿＿年＿＿月＿＿日

※この生活管理指導表は、学校の生活において特別な配慮や管理が必要となった場合に医師が作成するものです。

	病型・治療	学校生活上の留意点	【緊急時連絡先】
アナフィラキシー（あり・なし）／食物アレルギー（あり・なし）	**A 食物アレルギー病型（食物アレルギーありの場合のみ記載）** 1．即時型 2．口腔アレルギー症候群 3．食物依存性運動誘発アナフィラキシー **B アナフィラキシー病型（アナフィラキシーの既往ありの場合のみ記載）** 1．食物（原因　　） 2．食物依存性運動誘発アナフィラキシー 3．運動誘発アナフィラキシー 4．昆虫（　　） 5．医薬品（　　） 6．その他（　　） **C 原因食物・除去根拠**　該当する食品の番号に○をし、かつ《　》内に除去根拠を記載 1．鶏卵《　》 2．牛乳・乳製品《　》 3．小麦《　》 4．ソバ《　》 5．ピーナッツ《　》 6．甲殻類《　》（すべて・エビ・カニ） 7．木の実類《　》（すべて・クルミ・カシュー・アーモンド） 8．果物類《　》（　） 9．魚類《　》（　） 10．肉類《　》（　） 11．その他1《　》（　） 12．その他2《　》（　） **[除去根拠]** 該当するもの全てを《　》内に記載 ① 明らかな症状の既往　② 食物経口負荷試験陽性 ③ IgE 抗体等検査結果陽性　④ 未摂取 （　）に具体的な食品名を記載 **D 緊急時に備えた処方薬** 1．内服薬（抗ヒスタミン薬、ステロイド薬） 2．アドレナリン自己注射薬（「エピペン®」） 3．その他（　　）	**A 給食** 1．管理不要　2．管理必要 **B 食物・食材を扱う授業・活動** 1．管理不要　2．管理必要 **C 運動（体育・部活動等）** 1．管理不要　2．管理必要 **D 宿泊を伴う校外活動** 1．管理不要　2．管理必要 **E 原因食物を除去する場合により厳しい除去が必要なもの** ※本欄に○がついた場合、該当する食品を使用した料理については、給食対応が困難となる場合があります。 鶏卵：卵殻カルシウム 牛乳：乳糖・乳清焼成カルシウム 小麦：醤油・酢・味噌 大豆：大豆油・醤油・味噌 ゴマ：ゴマ油 魚類：かつおだし・いりこだし・魚醤 肉類：エキス **F その他の配慮・管理事項（自由記述）**	★保護者 電話： ★連絡医療機関 医療機関名： 電話： 記載日 年　月　日 医師名　㊞ 医療機関名
気管支ぜん息（あり・なし）	**A 症状のコントロール状態** 1．良好　2．比較的良好　3．不良 **B-1 長期管理薬（吸入）**　薬剤名　投与量／日 1．ステロイド吸入薬（　）（　） 2．ステロイド吸入薬／長時間作用性吸入ベータ刺激薬配合剤（　）（　） 3．その他（　）（　） **B-2 長期管理薬（内服）**　薬剤名 1．ロイコトリエン受容体拮抗薬（　） 2．その他（　） **B-3 長期管理薬（注射）**　薬剤名 1．生物学的製剤（　） **C 発作時の対応**　薬剤名　投与量／日 1．ベータ刺激薬吸入（　）（　） 2．ベータ刺激薬内服（　）（　）	**A 運動（体育・部活動等）** 1．管理不要　2．管理必要 **B 動物との接触やホコリ等の舞う環境での活動** 1．管理不要　2．管理必要 **C 宿泊を伴う校外活動** 1．管理不要　2．管理必要 **D その他の配慮・管理事項（自由記述）**	★保護者 電話： ★連絡医療機関 医療機関名： 電話： 記載日 年　月　日 医師名　㊞ 医療機関名

裏 学校生活管理指導表（アレルギー疾患用）

名前＿＿＿＿＿＿＿＿（男・女）＿＿＿年＿＿月＿＿日生　＿＿年＿＿組　　　提出日＿＿＿年＿＿月＿＿日

<table>
<tr><td rowspan="3">アトピー性皮膚炎（あり・なし）</td><td colspan="3">病型・治療</td><td>学校生活上の留意点</td><td>記載日
年　月　日
医師名
㊞
医療機関名</td></tr>
<tr><td colspan="3">A 重症度のめやす（厚生労働科学研究班）
1．軽症：面積に関わらず、軽度の皮疹のみ見られる。
2．中等症：強い炎症を伴う皮疹が体表面積の10%未満に見られる。
3．重症：強い炎症を伴う皮疹が体表面積の10%以上、30%未満に見られる。
4．最重症：強い炎症を伴う皮疹が体表面積の30%以上に見られる。
＊軽度の皮疹：軽度の紅斑、乾燥、落屑主体の病変
＊強い炎症を伴う皮疹：紅斑、丘疹、びらん、浸潤、苔癬化などを伴う病変</td><td>A プール指導及び長時間の紫外線下での活動
1．管理不要　2．管理必要
B 動物との接触
1．管理不要　2．管理必要
C 発汗後
1．管理不要　2．管理必要</td><td></td></tr>
<tr><td>B-1　常用する外用薬
1．ステロイド軟膏
2．タクロリムス軟膏
（「プロトピック®」）
3．保湿剤
4．その他（　　）</td><td>B-2　常用する内服薬
1．抗ヒスタミン薬
2．その他
（　　）</td><td>B-3　常用する注射薬
1．生物学的製剤</td><td>D その他の配慮・管理事項（自由記述）</td><td></td></tr>
<tr><td rowspan="3">アレルギー性結膜炎（あり・なし）</td><td colspan="3">病型・治療</td><td>学校生活上の留意点</td><td>記載日
年　月　日
医師名
㊞
医療機関名</td></tr>
<tr><td colspan="3">A 病型
1．通年性アレルギー性結膜炎
2．季節性アレルギー性結膜炎（花粉症）
3．春季カタル
4．アトピー性角結膜炎
5．その他（　　）</td><td rowspan="2">A プール指導
1．管理不要　2．管理必要
B 屋外活動
1．管理不要　2．管理必要
C その他の配慮・管理事項（自由記載）</td><td></td></tr>
<tr><td colspan="3">B 治療
1．抗アレルギー点眼薬
2．ステロイド点眼薬
3．免疫抑制点眼薬
4．その他（　　）</td><td></td></tr>
<tr><td rowspan="3">アレルギー性鼻炎（あり・なし）</td><td colspan="3">病型・治療</td><td>学校生活上の留意点</td><td>記載日
年　月　日
医師名
㊞
医療機関名</td></tr>
<tr><td colspan="3">A 病型
1．通年性アレルギー性鼻炎
2．季節性アレルギー性鼻炎（花粉症）
主な症状の時期：　春　、　夏　、　秋　、　冬</td><td rowspan="2">A 屋外活動
1．管理不要　2．管理必要
B その他の配慮・管理事項（自由記載）</td><td></td></tr>
<tr><td colspan="3">B 治療
1．抗ヒスタミン薬・抗アレルギー薬（内服）
2．鼻噴霧用ステロイド薬
3．舌下免疫療法（ダニ・スギ）
4．その他（　　）</td><td></td></tr>
</table>

学校における日常の取組及び緊急時の対応に活用するため、本票に記載された内容を学校の全教職員及び関係機関等で共有することに同意します。

保護者氏名＿＿＿＿＿＿＿＿

出典：公益財団法人日本学校保健会

症状の出現
⬇
○ステップ１　まずは受診。詳しい問診。何を食べたら、どのくらいの時間でどのような症状がでたのか、詳しく説明します。
食物日誌などを使用して、経過観察を行います。 
⬇
○ステップ２　検査（血液検査・皮膚テスト）、食物除去試験
⬇
○ステップ３　食物経口負荷試験（疑わしい食品、原因と考えられる食品を食べてアレルギー症状が出るのか、出ないのかを調べます）
⬇
○ステップ４　確定診断（除去する食品と程度が決まります）

＊問診で因果関係がはっきりしている場合は食物経口負荷試験をスキップすることがあります。

図4-3 ●食物アレルギーの診断の流れ

が園に提出します。前述したように食物アレルギーは年齢とともに耐性を獲得し、アレルギーの原因食物であっても、かなりの割合で食べられるようになることが多いので、生活管理指導表は、入園時、診断時、また必要に応じて６か月から１年ごとに更新します。生活管理指導表提出後に保護者と面談しますが、その内容から医師から適切な診断を受けていないと考えられる場合や、保護者の自己判断により食物除去を行っていると考えられる場合には、あらためて専門医の受診を促す必要があります。そのためにも、園の職員が食物アレルギーの知識をもつことが必要です。同時に、文部科学省が策定した「学校給食における食物アレルギー対応指針」や厚生労働省が策定した「保育所におけるアレルギー対応ガイドライン」などを紹介し、保護者の理解を深めていくことも大切です。

2）除去食・代替食の考え方

幼稚園などでの外部搬入の給食やおやつなど、安全性を最優先し、完全除去の対応が基本となります。また、食物アレルギーの診断がされていない子どもであっても、初めて食べた食べ物で食物アレルギーを発症することがあります。幼児の場合、初めて食べる食べ物もまだあるわけですから、初めての食品は家庭で一度食べてみるように、事前にお知らせするなどの工夫が必要です。前述した「アレルギー疾患に関する３歳児全都調査」のなかでも、直近１年間に施設内で子どもが食物アレルギー症状を誘発した施設は11.7％で、そのうち約５割は初発（食物アレルギーとその原因食物の診断がされていない

① アレルギー疾患を有する子どもの把握
・入園児の面接、保護者からの申し出、健康診断などの結果から、子どものアレルギー疾患の状況を把握します。

② 生活管理指導表の保護者への配布
・園と保護者で話し合い、子どものアレルギー疾患により、特別な配慮や対応が求められる場合には、生活管理指導表を配布します。

③ 生活管理指導表の記載の医師への依頼
・保護者からかかりつけ医に対し、生活管理指導表の記載を依頼します。
・保護者が生活管理指導表を園に提出します。

④ 保護者との面談①
・生活管理指導表に基づいて保護者と面談し、内容（原因食品、重症度、原因食品摂取後の症状、食事対応の希望など）を確認します。
・職員への情報共有の同意について確認します。

⑤ 園内の職員と共通理解を図る
・子どもの状況を踏まえ、緊急時の対応を含めて、職員、園医とともに共通理解をもちます。
・個人情報の管理および教職員の役割分担を決めます。

⑥ 保護者との面談②
・個々の子どもたちに対して必要な対応を整理し、園としての方針を保護者に伝え、これからの対応について話し合います。

図4-4 ●生活管理指導表の流れ

初めての症状）であったことが報告されています。

3）園の体制づくり

子どもが安全に、安心して園で過ごせる体制を整えていくことが大切です。まずは全職員が食物アレルギーについて理解することから始め、緊急時の対応体制などを含めて、園でのアレルギー疾患対応マニュアルを作成しましょう。また、生活管理指導表を活用し、必要な子どもの情報を職員間で共有するために委員会を設置し、組織的に対応していきましょう。何らかのミスや事故が起こった場合には、必ず全職員で共有し、改善や見直しを行い、事故防止に努めることも大切です（図4-5）。

◆「食物アレルギー対応委員会」のメンバー（例）
○委員長：園長などの管理者
○委　員：副園長、主任、担任、看護師（在職している場合）、栄養士（在職している場合）
＊必要に応じて園医、保護者など

①食物アレルギー児についての情報共有：保護者から提出された生活管理指導表等の記載事項の確認（原因食物、重症度、エピペン使用の有無など）
②食物アレルギーを理解するための研修会の開催（エピペン講習含む）
③アレルギー疾患対応マニュアルの作成、役割分担の確認
④事故を想定したシミュレーションの実施
⑤ミスや事故の報告と改善の検討

図4-5 ●委員会の役割(例)

4）緊急時の対応

アレルギーによる事故が発生した緊急時に、適切に対応できるように、マニュアルを作成し、日頃から各自の役割と体制を確認しておくことが重要です（図4-6)。特にアナフィラキシーは、食物アレルギーのなかでも最も重篤(じゅうとく)な症状で、一刻を争います。アナフィラキシーは原因食品を食べたり触れたりした後に、数分から２時間以内に起こることが多く、蕁麻疹(じんましん)などの皮膚症状、腹痛や嘔吐などの消化器症状、息苦しさなどの呼吸器症状が同時に急激に出現した状態です。血圧低下、まぶたや顔面の腫れ、意識障害、脱力など、アナフィラキシーショックが疑われる症状が一つでも見られる場合には、看護師、園長、担任などが速やかにエピペン®（後述）を打つとともに、救急車を要請します。

● アドレナリン自己注射（エピペン®）について

エピペン®はアドレナリン自己注射の商品名です。エピペン®は、医療機関でのアナフィラキシーショックの治療や救急蘇生(そせい)に用いられるアドレナリンがペン型の容器に充填(じゅうてん)され、自分で注射できる薬剤です（図4-7)。

自己注射のタイミングや方法については、医師から指導を受けます。園は、保護者が持参したエピペン®を預かることがあります。その場合は、前述した生活管理指導表をもとに保護者と面談し、緊急時の対応について十分に確認し、「緊急時個別対応表」を作成します。エピペン®は本来、本人や保護者が注射するためのものですが、緊急対応として、園長、看護師、担任などが注射することがあります。全職員がエピペン講習会を受講しておくことも重要です。

何らかのアレルギー症状がある（食物の関与が疑われる）	原因食物を食べた（可能性を含む）	原因食物に触れた（可能性を含む）

→ 呼びかけに対して反応がなく、呼吸がなければ心肺蘇生を行う（表面参照）

緊急性が高いアレルギー症状はあるか？　**５分以内に判断する**

全身の症状	呼吸器の症状	消化器の症状
□ぐったり	□のどや胸がしめ付けられる	□持続する（がまんできない）強いお腹の痛み
□意識もうろう	□声がかすれる	□繰り返し吐き続ける
□尿や便を漏らす	□犬が吠えるような咳	
□脈が触れにくいまたは不規則	□息がしにくい	
□唇や爪が青白い	□持続する強い咳き込み	
	□ゼーゼーする呼吸（喘息と区別できない場合を含む）	

１つでも当てはまる場合　／　ない場合

緊急性が高いアレルギー症状への対応

① **ただちにエピペン®を使用する**
② **救急車を要請する（119番通報）**
③ **その場で安静にする**（下記の安静を保つ体位参照）
④ **その場で救急隊を待つ**
⑤ **可能なら内服薬を飲ませる**

反応がなく呼吸がない → 心肺蘇生を行う

エピペン®が２本以上ある場合（呼びかけに対する反応がある）

エピペン®を使用し10～15分後に症状の改善がみられない場合、次のエピペン®を使用する → 反応がなく呼吸がない → 心肺蘇生を行う

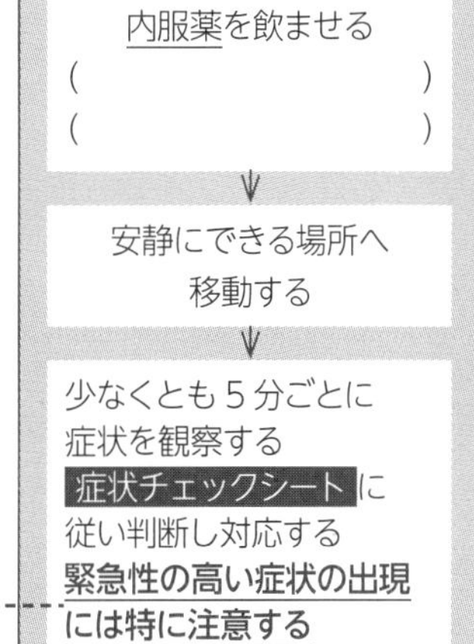

安静を保つ体位

ぐったり・意識もうろうの場合

血圧が低下している可能性があるため仰向けで足を15～30cm高くする

吐き気・おう吐がある場合

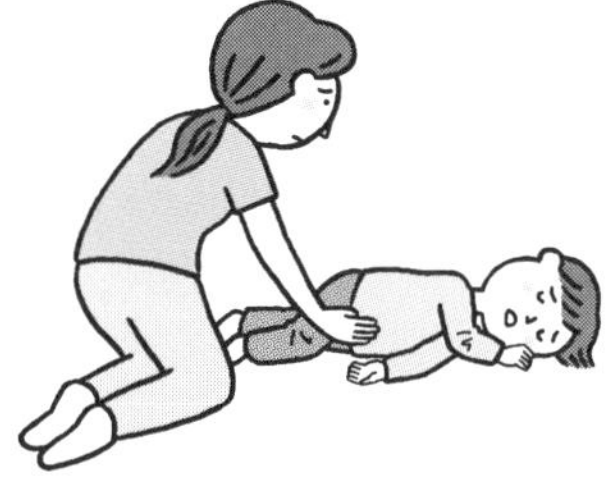

嘔吐物による窒息を防ぐため顔と体を横に向ける

呼吸が苦しく仰向けになれない場合

呼吸を楽にするため上半身を起こし後ろに寄りかからせる

出典：環境再生保全機構 ERCA（エルカ）「ぜん息予防のためのよく分かる食物アレルギー対応ガイドブック2014」（https://www.erca.go.jp/yobou/pamphlet/form/00/archives_24514.html）を加工して作成

図4-6 ● アレルギー症状への対応の手順

◆それぞれの動作を声に出し、確認しながら行う
◆注射をするときには、必ず子どもに声をかける

① ケースから取り出す

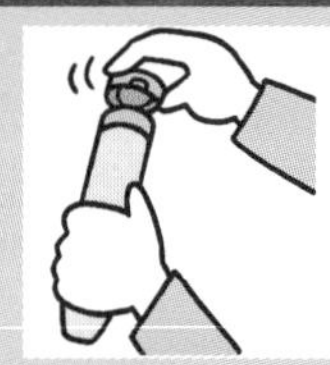

ケースのカバーキャップを開けエピペン®を取り出す

② しっかり握る

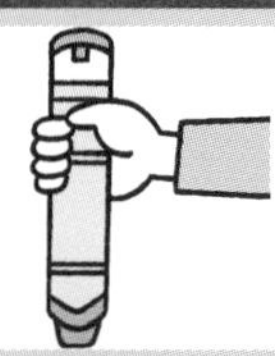

オレンジ色のニードルカバーを下に向け、グーで握る

"グーで"握る！

③ 安全キャップをはずす

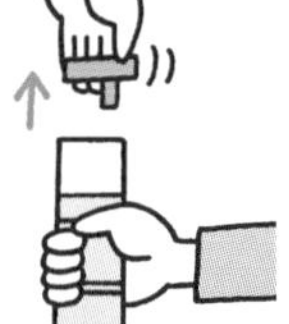

青い安全キャップをはずす

④ 太ももに注射する

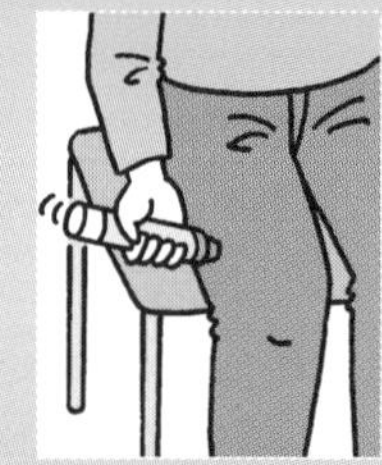

太ももの外側にエピペン®の先端（オレンジ色の部分）を軽くあて、"カチッ"と音がするまで強く押しあてそのまま５つ数える
注射した後すぐに抜かない！
押しつけたまま５つ数える！

⑤ 確認する

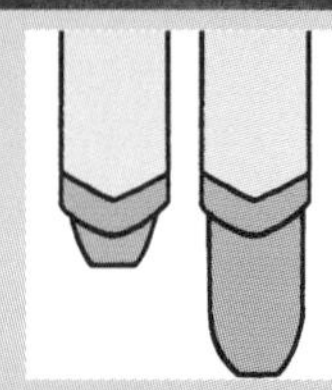

エピペン®を太ももから離しオレンジ色のニードルカバーが伸びているか確認する
伸びていない場合は「④に戻る」

⑥ マッサージする

打った部位を10秒間マッサージする

介助者がいる場合

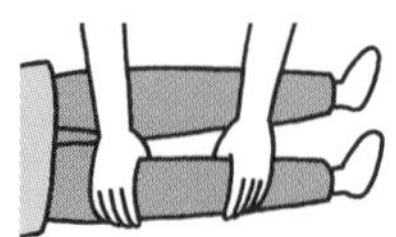

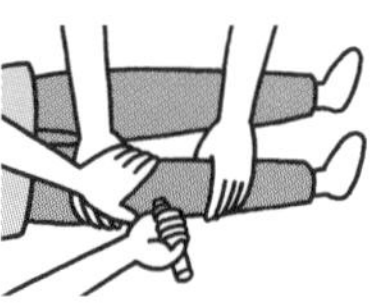

介助者は、子どもの太ももの付け根と膝をしっかり押さえ、動かさないように固定する

注射する部位

●衣類の上から、打つことができる

●太ももの外側の筋肉に注射する（真ん中（Ⓐ）よりやや外側で、かつ太ももの付け根と膝の間の部分）

仰向けの場合

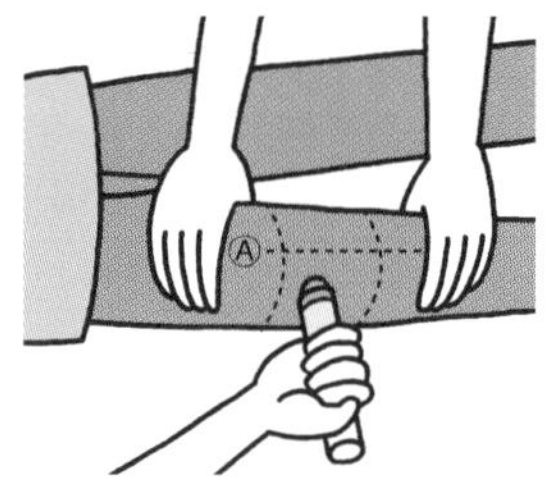

座位の場合

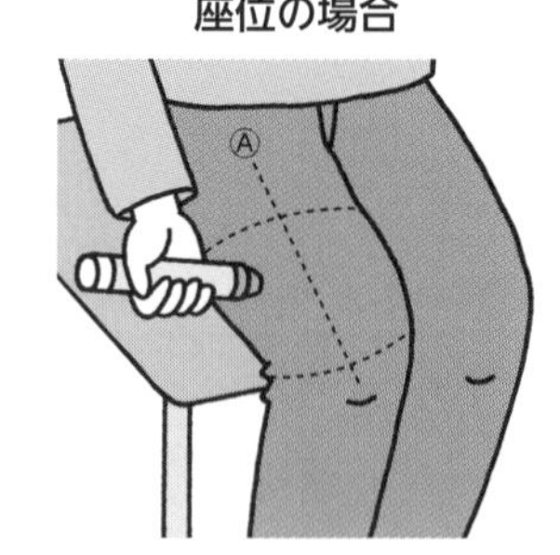

出典：図4-6に同じ

図4-7 ●エピペン®の使い方

6 その他のアレルギー疾患

1）アレルギー性鼻炎

アレルギー性鼻炎は、鼻の粘膜にアレルギー反応による炎症が起こり、くしゃみ、鼻水、鼻づまりなどの症状が現れます。原因となるアレルゲンは、ハウスダストやダニ、猫や犬などの動物の毛、スギ、カモガヤ、ブタクサなどの花粉などです。アレルギー性鼻炎は、原因花粉の飛散時期に屋外で活動をすることにより、症状が悪化することがあるので、注意が必要です。

2）アレルギー性結膜炎

アレルギー性結膜炎は、目の粘膜、特に結膜にアレルギー反応による炎症が起こり、目のかゆみ、なみだ目、異物感（ごろごろする感じ）、目やになどの症状が現れます。原因となるアレルゲンは、ハウスダストやダニ、猫や犬などの動物の毛、スギ、カモガヤ、ブタクサなどの花粉などです。また、プールの水質管理のための消毒に用いる塩素は、角結膜炎がある場合には悪化の原因となるため、症状の程度に応じて配慮が必要です。

3）気管支喘息

気管支喘息は、主にアレルギー反応によって、気管支に慢性的に炎症が起こります。その結果、気管支が過敏になり、風邪や運動などの刺激で咳き込んだり、気道が狭くなり、息が苦しくなります。気管支喘息の発症には、アレルギー体質などの遺伝的因子と、ホコリやダニなどのアレルゲンなどが関係しています。気管支喘息の重症化や喘息発作の原因となるのは、ホコリやダニ、犬や猫などの動物の毛やフケ、風邪、受動喫煙、大気汚染、運動などがあります。そのため、園での運動などについては、事前に保護者と相談する必要があります。また、一般的には発作治療薬により症状は改善しますが、水分が摂れない、話ができないほどの呼吸困難の場合には、医療機関の受診が必要です。動物へのアレルギーが気管支喘息の発作につながる場合があるので、必要があれば、動物との接触を避けるような配慮も必要です。これらの対応は、前述した生活管理指導表の医師の診断に基づいて行うことが大切です。

4）アトピー性皮膚炎

アトピー性皮膚炎は、皮膚に生じたかゆみのある湿疹がよくなったり、悪くなったりすることを繰り返します。特に、顔、首、肘の内側、膝の裏側などによく現れますが、ひどくなると全身に広がります。アトピー性皮膚炎の有病率は約１割程度と報告されています。アトピー性皮膚炎はかゆみが強く、湿疹も長く続きます。悪化する原因としては、ダニやホコリ、食物、動物などの毛、汗、シャンプーや洗剤、プールの塩素、生活リズムの乱れや風邪などの感染症など、さまざまです。■

ワーク

- **それぞれの園では食物アレルギーのある子どもが安全に楽しく過ごすために、どのような工夫を行っているのか、次の①〜③について話し合ってみましょう。**
  ①園での子どもの生活
  ②職員間の情報共有
  ③家庭（保護者）との連携

第2節 障害のある子どもへの対応

節のねらい
- 幼稚園、認定こども園における、障害のある子どもについての理解を深める
- 幼稚園、認定こども園における、障害のある子どもへの食事の個別対応を考える

1 障害のある子どもとは

障害の種類は、身体障害、知的障害、精神障害に分けられます。2011（平成23）年に改正された障害者基本法の第２条で、障害者は、「身体障害、知的障害、精神障害（発達障害を含む。）その他の心身の機能の障害がある者であって、障害及び社会的障壁により継続的に日常生活又は社会生活に相当な制限を受ける状態にあるものをいう」と定義されています。また、障害の種類は、肢体不自由、視覚障害、聴覚障害・平衡機能障害、内部障害（心臓、腎臓、呼吸器等）などの身体障害と、知的障害、精神障害（発達障害を含む）ですが、障害の部位やその程度はさまざまであり、日常生活動作（ADL）*2も異なります。

厚生労働省の「障害児保育事業」では、「障害児保育とは、障害児の発達と可能性を促し、社会生活の基礎的能力を養うとともに、障害児と健常児との集団保育を通してお互いが認め合い、人間性をはぐくむ場となりうる」とされています。保育現場では、主として知的障害や発達障害のうち、集団保育が可能な軽度、中程度の障害をもつ子どもを受け入れています。こうした、障害のある子どもの保育にあたっては、知識や経験のある保育者を加配し、子ども一人ひとりの特性を理解し、個々に合わせた丁寧な支援が求められています。

2 障害のある子どもの食事の考え方

障害のある子どもの食事は、その子どもの障害の程度により大きく異なります。ほとんど援助なく自分で食べられる子どもから、食事を含め、１日のほとんどを援助なしで過ごすことが難しい子どもまで幅広く存在します。そうした子どもたちの食事を考えるなかで、最も大切なのは、その子どものもっている機能を最大限に活かし、そしてその機能の発達を促しながら、その人らしい食生活を送れるように支援することです。ほかの子どもと同じように、食事をおいしく味わい、心地よく、楽しいひととき

＊2 日常生活動作（Activities of Daily Living：ADL）：リハビリテーションや介護で一般的に使用されている用語の一つ。障害のある人が、どの程度、自立的な生活が可能であるのかを評価する指標としても使われる。日常生活を営むうえで普通に行っている行為・行動のこと。具体的には、食事や排泄、整容（洗顔、歯磨き、整髪、爪切り、耳かき、ひげそりなど）、移動、入浴などの基本的な行動を指す。

となるように環境をつくっていくことが求められます。そのためには、保育者が障害のある子どもの状態や特性、その子どもの性格などを理解し、クラス全体の温かい人間関係づくりに努めながら、子ども同士が互いを認め合い、思い合う関係をつくっていくことが大切です。ここでは、集団保育のなかにみられる、障害のある子どもを中心に述べていきます。

1）染色体異常（ダウン症）

ダウン症は、染色体の異常によって起こります。1000人に１人程度の割合で出生しています。個人差があるものの、心臓の奇形や難聴がみられることがあります。また、筋肉の緊張が低いため、運動発達、口腔機能発達に遅れが出やすい傾向にあります。頬の筋肉の緊張と運動発達の遅れから口が閉じにくく、舌が口から出ることが多くなります。そのため、食べ物を口の中に取り込むことが難しいことや、口の中の処理が十分にできず、丸飲みをしやすいため、口腔機能に合った支援が必要です。また、必要エネルギー量が低く、学童期以降は生活習慣病を生じやすいので、注意が必要です。

2）発達障害

発達障害には、自閉症スペクトラム障害、学習障害（LD）、注意欠如・多動性障害（ADHD）などが含まれます。食物嗜好の制限、食感に対する敏感性、口腔機能問題、むらぐい、異食など、強いこだわりのために特定の食品しか食べないことがあります。まずは、食べられる食材、調理形態、食事環境などを把握し、その子どものこだわりに合わせる形で食べられる物を増やしていきます。食生活全般を把握しながら、その子どもの特性や偏食の原因を理解しながら、安心できる環境をつくり、家庭と連携しながら少しずつ改善に向かうような支援が必要です。発達障害の子どもの偏食は一般的な偏食と異なり、嫌いな食べ物を避けるのではなく、その食品しか食べられないという状況です。そのため、一般的な子どもの偏食対応を当てはめるのではなく、個々の障害のある子どもに合わせた適切な対応が求められます。

❶ 発達障害の子どもの偏食（特定の食品しか食べない）の原因

ｉ）　口腔機能上の問題

食べ物を噛みつぶしたり、飲み込んだりという口腔機能に課題がある場合に、偏食の原因になることがあります。噛む力や飲み込む力が未熟な場合、繊維の多い生野菜や硬い肉類、パサパサしているものや口の水分を吸い取られるような食べ物など、食べにくさから食べないことがあります。上手に食べられない経験を重ねてしまうことで、嫌な体験となり、ますます偏食が強くなることも考えられます。

ⅱ）　感覚の過敏・鈍麻

発達障害の子どもには、それぞれ特有の感覚があります。感覚には、触覚、味覚、聴覚、臭覚、視覚などがありますが、こうした感覚が敏感すぎたり、鈍感すぎたりします。特に、特定の感覚に対して強いこだわりがあり、保育者がこれぐらいは大丈夫だろうと思っても、子どもにとっては耐えられない苦痛を感じることがあります。

ⅲ）こだわり

発達障害の子どもには強いこだわりがみられることがあります。同じ食材であっても形が変わると別物に認識することや、食べる順番や食器などへのこだわりが偏食の原因になることがあります。

ⅳ）栄養状態

発達障害の子どもは、同じ年齢の子どもと比較すると必要なエネルギー量が少ない傾向にあります。そのため、少しのおやつや食事で、すぐにお腹がいっぱいになってしまう場合があります。また、食べることに意欲や関心がないケースもみられます。

❷ 発達障害の子どもの偏食（特定の食品しか食べない）の対応

ⅰ）情報収集

まずは、子どもの状況を把握します。子どもの発達の状況、現在の食事内容（どのような食べ物であれば摂取が可能であるのか、食材、味、見た目、調理形態、食器具、食環境など）を整理し、子どもが現在、食べているものと避けているものの区別が何であるのか、食べない原因を考えます。

ⅱ）食事の支援

ⅰ）で示したように、情報収集によって子どもの状況の把握ができたら、次に、現在、食べられているものの特性を他の食べ物に反映させ、食べられる食材や種類を少しずつ増やしていくような支援が求められます。たとえば、現在の食事がお菓子やレトルト食品中心であれば、どのような形状が食べやすいのかを観察します。レトルト食品に近づけて、さまざまな食材をペースト状にしてみることや、カリカリした食感のお菓子を好んで食べていれば、調理方法を寄せてみることも一つの方法です（図4-8）。

また、食事の環境にも注意が必要です。匂いや音などに敏感な子どももいますので、部屋に匂いがこもらない工夫や、食べる場所の工夫が必要な場合もみられます。集団の中でざわざわした声などを不快に感じて、集団で食べることが難しい場合には、少しずつ慣れるように、最初からクラスのなかで食べるのではなく、短い時間から始め、徐々に時間を延ばしていくなどの配慮も必要です。

ⅲ）栄養管理

特定の食品しか食べられない、食べる量が少ない、逆に食べる量が多いなど、栄養摂取の状況も子どもによってさまざまです。まずは、１日どのくらい食べているのかを算出し、食事摂取基準の推定エネルギー必要量、現在の身体発育の状況から、その子どもにとって必要なエネルギー量、過不足のある栄養素について検討し、対応する必要があります。摂取エネルギーや栄養素の過不足から、子どもの健康を損ねることは避けなければなりません。特に幼稚園には、栄養士の配置がない場合がほとんどですから、保護者に園医や保健所、地域の専門医などへの相談を促し、栄養状態の把握へとつなげることが

表4-4 ●情報収集のための簡易チェック表

【子どものこと】	□名前 □生年月日／年齢／性別 □身長／体重 □障害／疾患 □生育歴　など □発達状況、言語理解や認知　など
【食事の状況】	□朝食、昼食、夕食の内容 □おやつなど食事以外で口にしている物の内容 □飲んでいる物の内容 □食べられないもの □食事の時間 □食事時の様子 □食事の提供状況　など
【その他】	□起床・就寝時刻などの生活リズム □子どもが好きなもの □家庭の状況　など

出典：山根希代子監修・藤井葉子編著『発達障害児の偏食改善マニュアル』中央法規出版、16頁、2019年を一部改変

必要です。

iv）　家庭との連携

障害のある、なしにかかわらず、子どもの生活を考えていくうえで、家庭との連携は不可欠ですが、こうした食べ方にこだわりのある子どもの対応には、特に家庭と密に連携していく必要があります。同じ食材でも形が違ったり、食器や座る位置が違うだけでも食べないことがあります。保護者が子どもについての心配事を身近に相談できるのは保育者です。保護者の気持ちに寄り添いながら、子どもにとってどのような支援が望ましいのか、ともに考え、相談しやすい環境をつくっていくことが大切です。また、園と家庭が同じ対応をすることで、子どもの混乱がなくなり、家では食べるけれど園では食べないというようなことは起こりにくくなります。子どもがいつもと同じと感じることで、安心して食事をすることができます。そのため、保育者によって対応が異なることも避けなければなりません。子どもの

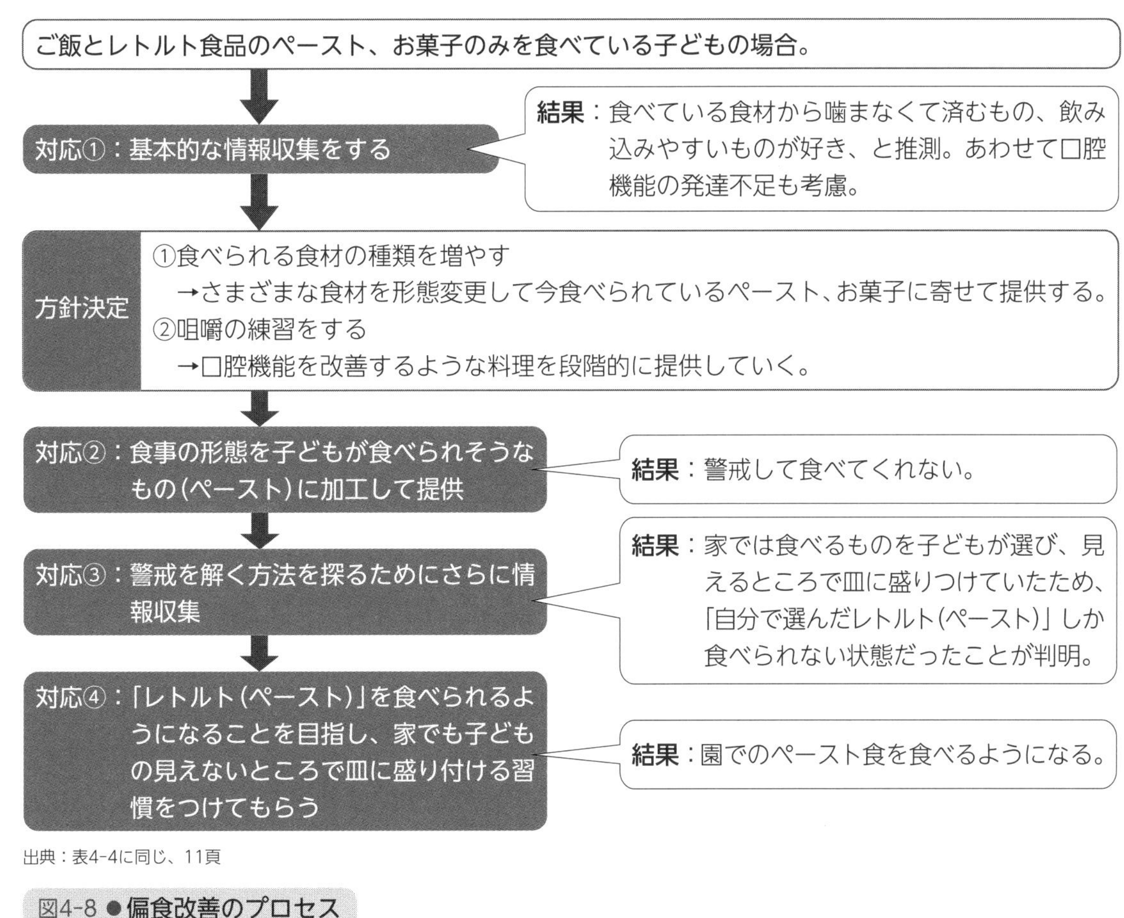

出典：表4-4に同じ、11頁

図4-8 ●偏食改善のプロセス

特性を理解し、家庭とともに、子どもが安心して食事ができる環境をつくっていくことが大切です。

3）視覚障害

視覚障害の子どもは、食事に対して視覚的なイメージがもちにくい傾向にあります。幼児期は、いろいろな食べ物に出合う時期です。食べ物を話題にしたり、好きなもの、食べたいものが増えていく時期です。視覚的なイメージがもちにくいからこそ、積極的に食材に触れたり、においをかいだりする機会をつくり、いろいろな料理や食品に親しんでいくような支援が必要です。また、子どもが食事を楽しめるように、料理の種類や位置をわかりやすく配膳する工夫や、食品と食器の色のコントラストがはっきりとするように工夫することも必要です（図4-9）。食事中に、ほかの大人や子どもを見ながら食事のマナーを身につけることが難しいので、毎回の食事で声をかけながら進めることも大切です。

黒など濃い色の茶碗に白米を盛り付けることで見えやすくなる

図4-9 ●食品と食器のコントラスト

4）聴覚障害

聴覚障害は、咀嚼（そしゃく）からの刺激が得られないこともあり、食欲に影響することがあります。言葉による食品や料理などの理解が難しいため、視覚などを利用した支援や工夫が必要です。視覚障害の子どもと同じく、食への意欲や関心が育まれにくい傾向があります。その子どもの好きなキャラクターの食器を使ったり、工夫をしながら調理や栽培の機会をもったり、食へのかかわりを増やしていくことによって、興味や関心を高めることにつながります。

5）食事用自助具

障害のある子どもが心地よく、そして自分で食べられた満足感を得るためにも、必要に応じて食事用自助具の使用を試みます。保育者は、子どもを観察し、どのようなことに困難さをもっているのか、どのような自助具（大きさ、重さ、形など）が適しているのかを判断します。食事用自助具は、障害があるために食べるのに時間がかかったり、食事中に姿勢が崩れ、スムーズに食べられなかったり、箸（はし）やスプーンが上手に持てない場合などに、自分で食事ができるように工夫された食具です。たとえば、スプーンの材質については、感覚過敏の子どもは、金属の触感を嫌がる場合があるので、図4-10のようなシリコン製のものを選びます。また、食べ物を口まで運びやすくするために、手指の形状や握る力に合わせ、グリップ部分が握りやすく、状態に応じて、ボール部分の角度が変化する図4-11のようなスプーンや、図4-12のように、縁が垂直に立ち上がり、底に滑り止めがついている食器や滑り止めシートやマットを使用し、食事の自立を目指します。

図4-10●シリコン製のスプーン

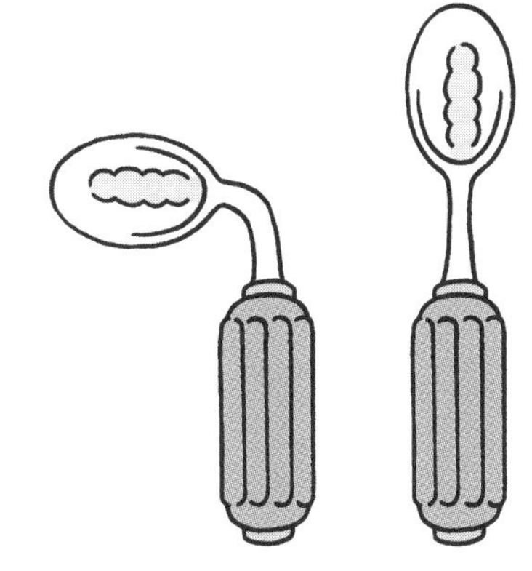
図4-11●グリップが持ちやすいスプーン

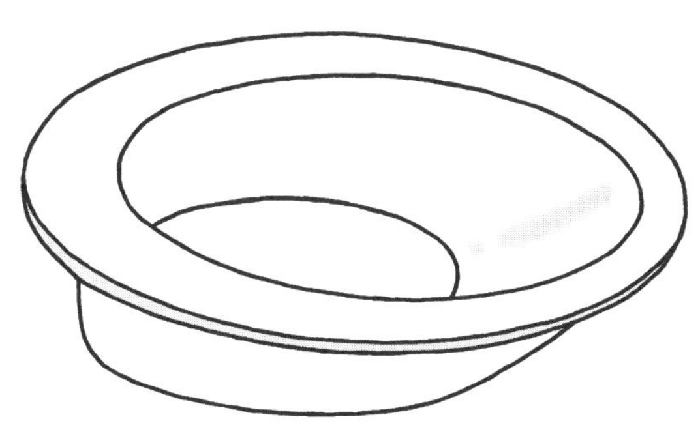
図4-12●縁が垂直に立ち上がっているお皿

6）嚥下障害のある子どもの食事

障害のある子どもの食事は、食べるときの姿勢が大切です。個々の子どもの状況に最も適した姿勢になるようにします。抱いて介助する場合には、介助者が安定した姿勢で後頭部を支えます。いすで食べる場合は、頭部は少し前傾し、足が床にしっかりとついて安定していることを確認します。

調理形態は、子どもの食べる能力に応じた食形態を基本とします。口への取り込みがうまくできない、むせてしまうなどの嚥下障害がある場合は、なめらかなペースト状にします。また、液体を飲むとむせてしまう場合には、とろみをつけることで、むせにくくなります。ある程度、咀嚼が可能な場合は、噛む力に応じた食形態から始め、その子どもの食べる機能に合わせ、さらにその機能の発達を促すように食形態を変化させていくことが望まれます（表4-5）。■

表4-5 ●摂食機能と食形態

状　態	獲得する機能	形　状	食形態
むせることがある	口唇摂取 嚥下練習	半流動食 すりつぶし食	なめらかなペースト状 ヨーグルトの硬さ
舌でつぶすことができる	押しつぶし嚥下練習期	押しつぶし食 軟固形食	軟らかく形があるもの 豆腐状の硬さ
咀嚼する力が弱い	咀嚼練習期	きざみ食 軟固形食	小さく切る 軟らかいご飯程度の形状
口唇の取り込みや噛み切る力が弱い	咀嚼力の獲得	一口食 普通食	歯ぐきで噛み切れる軟らかさ 大きさに配慮

ワーク

- 発達障害のある子どもの食事について、各園でどのような工夫をしているのか、意見交換をしてみましょう。
- 障害のある子どもについて（発達障害以外）、園での食事のときにどのような工夫をしているのか、意見交換をしてみましょう。

第3節　体調不良の子どもへの対応

節のねらい
- 園のなかでみられる子どもの体調不良と、水分の与え方などの対応を理解する
- 食中毒の予防法を理解し、子どもの調理活動を安全に行うための対策を他の職員に説明できるようになる

 体調不良の子どもへの対応

子どもは元気にしていても、急に体調が悪くなることがあります。また体調の悪さを自分で伝えることができない子どもも多くみられます。そのため、日頃から子どもの様子をよく観察し、いつもと違う様子など、子どもの変化にいち早く気づき、対応することが求められます。また、子どもの病気は悪化するのも早く、急速に重症化することがあります。体調に心配な兆候がみられるときには、医療機関を受診することが必要です。また保護者が迎えに来るまでに悪化しないように安静を保ち、水分補給などをしながら、体温や体調の変化などを記録して保護者に伝えることも大切です。

ここでは、園のなかでみられる体調不良の子どもの食事や水分の摂り方を中心に述べていきます。

1）発熱

子どもの急な発熱はしばしばみられます。発熱の主な原因は感染症であり、そのうちの９割以上はウイルスによるものです。また、発熱に伴い、食欲不振などもみられることがあり、脱水症状を引き起こすことがあります。脱水を予防するためには、状態に応じた水分摂取が必要です。熱の上がり始めには、悪寒や震え、手足の冷えなどが認められることがあるので、人肌ぐらいの温かい飲み物を与え、熱のピーク期には、ひんやりとした水道水ぐらいの温度の飲み物を与え、熱が下がり食欲が出てきたら、消化しやすい、おかゆやよく煮たうどんから、少しずつ進めていきます。

2）脱水症

体内の水分が異常に減ってしまう状態を脱水症といいます。水分の排出量が増えたり、摂取量が減ったり、同時に両方の状態が起こったときなどにみられます。たとえば、暑さのなかで大量に発汗し、水分摂取も不足している場合や、嘔吐（おうと）などで水分が摂れない、発熱、下痢などで水分の排出量が多くなっ

ている場合などに起こりやすくなります。また、子どもは大人に比べて体重に占める水分の割合が大きく、水分代謝も多いため、脱水になりやすいのです。子どもの水分代謝は、体重当たり成人の約3.5倍であり、乳児が7時間水分を摂取しないのは、大人が24時間、水分を摂取しない状態と同じことになります。子どもの脱水症状としては、排尿回数が減る、排尿間隔が長い、唇が渇いている、目が落ちくぼむ、元気がないなどの様子がみられますが、半日以上まったく排尿がない、ぐったりしている場合などは中度以上の脱水症と判断し、すぐに医療機関を受診します。

脱水症の予防には水分補給が重要です。汗をたくさんかくような場合には、小児用イオン飲料や経口補水液[*3]などをこまめに補給しましょう。

3）熱中症

熱中症は、高温多湿などの環境に長くいるなかで、体内の水分や塩分のバランスが崩れ、体温調節ができず、体内に熱がこもる現象です。大量の発汗、吐き気、倦怠感などが現れます。重症化すると、意識障害を起こすことがあります。熱中症は、梅雨明けの急に気温が上昇した日や、蒸し暑い日など、体が暑さに慣れていない時期などで注意が必要です。閉め切った屋内でも注意が必要です。熱中症が疑われるときには、後頭部、頸部（けいぶ）、わきの下、鼠径部（そけいぶ）を保冷剤などで冷やし、水分や塩分（経口補水液、小児用イオン飲料など）の補給が必要です。

また、園のなかで、日常的に子どもに声をかけて水分補給をすることも大切ですが、少しずつ子ども自身が水分を摂ることの大切さに気づき、自発的に水分補給する環境をつくっていくことも大切です。幼稚園教育要領における「健康」のねらい「健康、安全な生活に必要な習慣や態度を身に付け，見通しをもって行動する」に示されるように、保育者は、子ども自身に自らの体を大切にしようとする気持ちと行動が育まれ、自立に向かっていく環境をつくっていくことが望まれます。

4）下痢

下痢（げり）とは、通常の便よりも柔らかく水分が多い状態で、水溶性、あるいは泥状など、さまざまな形状がみられます。また、排便回数が多くなることが多く、においなどにも変化がみられます。個人差もあるので、通常の便と比べて判断します。下痢の原因としては、食べ過ぎ、胃腸炎、消化不良、感染症や心因性のものなどがあります。吐き気、嘔吐、発熱がなければ、脱水症に気をつけ、水分や電解質の補給を心がけます。吐き気、嘔吐、発熱などを伴う場合には、ウイルスや細菌による感染症が疑われます。また、下痢の症状はあるものの、機嫌がよく、あやすと笑うなど、下痢以外に日常と変わりがない場合には、様子をみながら食事を与えます。嘔吐や腹痛がなければ、水分（湯冷ましや小児用イオン飲料など）を補給し、消化のよいものを食べさせます。

＊3　食塩とブドウ糖を溶かしたもの。主に下痢、嘔吐、発熱などによる脱水症状の治療に用いられる。

冬場には、ウイルス性の下痢がよくみられます。ノロウイルス、ロタウイルスなどは、感染力が非常に強いので、嘔吐物や下痢便の処理には注意が必要です。

❶ ロタウイルス感染症

冬場に流行する乳幼児のウイルス性胃腸炎の代表。生後６か月～２歳ぐらいまでの乳幼児に多くみられます。嘔吐を伴い、米のとぎ汁のような下痢便が特徴です。１週間程度で治りますが、嘔吐や下痢がひどい場合には入院することもあります。

❷ ノロウイルス感染症

ウイルス性胃腸炎のなかで最も発生患者数が多く、感染力が強いのが特徴です。乾燥に強く、少量のウイルスで発症することから、吐物などが床に飛び散ることや、処理が不十分な場合、施設内の集団感染（吐物を処理した職員を介してなど）につながることも多いので注意が必要です。消毒には次亜塩素酸ナトリウムや塩素系の漂白剤を用います。

5）嘔吐

子どもが嘔吐をすることは珍しいことではなく、消化器系疾患や感染症、ストレスなどの心理的なものから、発熱時のものまで多岐にわたります。しかし、同じ症状が何人か同時に起きたときには食中毒の可能性もあります。また、幼児期から学童期にかけて、突然、激しい嘔吐を繰り返す周期性嘔吐症（自家中毒）がみられることがあります。周期性嘔吐症の原因はまだはっきりとしていませんが、精神的な緊張や疲労、脂肪の多い食事なども引き金となると考えられています。自家中毒が疑われるときには、家庭と連携し、運動会や遠足など、行事の前後は家庭での子どものスケジュールが過密にならないように、また、精神的緊張が高くならないようにするなど、周囲が心がけることも大切です。

行事当日のお弁当は小さめのおにぎりやフルーツなど軽めのものにするとよいでしょう。また、入園や入学のタイミングにも、ストレスがかかりやすく注意が必要です。特に、このコロナ禍においては、これまでとは違う日常に、子どもたちも大きなストレスを感じています。嘔吐を繰り返したり、腹痛や頭痛を伴うときには医療機関の受診が必要です。年齢とともに症状が軽くなり、症状が起こらなくなっていくことが多いです。

● 嘔吐のときの水分補給のポイント

水分補給は、嘔吐や吐き気、悪心などが治まり、症状が落ち着いてきたら小児用イオン飲料などを小さじ１程度からゆっくり与えます。約30分程度吐かなければ、吐き気が治まったと判断し、少量からであれば口からの摂取も可能です。特にウイルス性胃腸炎の場合、吐き気が治まる前にたくさんの水分を与えると、さらに嘔吐する場合がみられますので、気長に少しずつ与えることがポイントです。

6）食中毒

食中毒とは、食中毒を起こすもととなる細菌やウイルス、有毒な物質がついた食品を摂取することによって、下痢、腹痛、発熱、嘔吐などの症状を起こす病気のことです。食中毒の原因によって、発症するまでの時間や症状は異なりますが、ときには生命にも影響を及ぼします。食中毒の原因は大きく三つに分類することができます。サルモネラやカンピロバクター、病原性大腸菌 O-157のような微生物、ふぐ毒やきのこ毒などの天然毒素、メタノールなどの化学物質の三つです（図4-13）。

厚生労働省「年次別食中毒発生状況」では、食中毒の原因の約８割が微生物（細菌は約４割、ウイルスは約４割）であり、年度によりこの割合は多少変化しますが、食中毒のほとんどは微生物によるものです。

①微生物	②天然毒素	③化学物質など
細菌（サルモネラ菌など） ウイルス（ノロウイルスなど）	ふぐ毒、きのこ毒など	メタノールや PCB など

図4-13 ● 食中毒の原因

微生物による食中毒を予防するためには、食品中の食中毒菌やウイルスをできるだけ少なくすることが大切です。そのため食中毒を予防するためには、食中毒菌やウイルスを「食品につけない、増やさない、やっつける（殺菌）」ことが原則です。また、園のなかでの食中毒発生を防ぐ取り組みも大切ですが、家庭でも食中毒を予防できるように、特に食中毒の多い６月から９月にかけてはお便りなどを利用して、保護者にお知らせすることも大切です。

2 子どもの調理体験等における食中毒予防のための衛生管理の注意点

子どもとのクッキング活動や調理体験など、厨房以外での調理の際には、食中毒予防のための衛生面および安全面への十分な配慮が必要です。安全に活動するために、以下のようなことをチェックしてみるとよいでしょう。計画に無理があると、食中毒などが起こりやすくなります。

☐ クッキング活動や調理体験の内容が、子どもの年齢・発達に適している。
☐ 衛生的に調理をするための場所や人を確保する。
☐ 保育室で調理を行う場合、清掃や机などの消毒を徹底する。
☐ 使用する調理器具、食器の洗浄・消毒を徹底する。
☐ 使用する食材は新鮮なものを購入し、冷蔵庫などで衛生的に保管する。
☐ 参加する職員、子どもの手指に傷がある場合、使い捨て手袋をするなど工夫をする。
☐ 参加する職員、子どもの健康を管理する（下痢などがある場合は参加を控える）。
☐ 参加する職員、子どもの手洗いを徹底する。
☐ 調理をするときは、清潔なエプロン、三角巾、マスクを着用する。
☐ 食品の中心部分まで十分に加熱をする。
☐ 調理した食品は速やかに喫食し、長時間、室温に放置しない。
☐ 食中毒などが起こったときの原因究明のため、使用したすべての食材を保存しておく。
☐ 食中毒などが起こったときの原因究明のため、調理した食品を保存しておく。

表4-6 ● 子どもに気をつけたい食中毒

菌　名	原因食品等	症　状	その他の特徴
サルモネラ	鶏卵、食肉およびその加工品など	下痢（粘血便）、発熱、腹痛、嘔吐	生卵の割置きしたものは使用しない 乾燥に強く、熱に弱い
カンピロバクター	生肉（特に鶏肉）	下痢（粘血便）、発熱、腹痛	乳児の細菌性下痢のトップ
黄色ブドウ球菌	化膿した傷やおでき、にきび等の化膿巣を触った手指鼻の穴、髪の毛などにも存在	激しい嘔吐、腹痛 発熱はない	食品中で増えるときに毒素を作る 潜伏期間が30分から６時間と早く症状が出る
腸炎ビブリオ菌	生の魚や貝などの魚介類が原因	激しい下痢（血便）、腹痛、発熱、嘔吐	真水や熱に弱い 生鮮魚介類は10℃以下で保管し、調理前に流水で洗浄
腸管出血性大腸菌（O-157を含む）	十分に加熱していない肉や生野菜	激しい嘔吐、下痢、腹痛、血便	中心温度が75℃以上の加熱により死滅
ウエルシュ菌	スープ、カレーなど肉類や魚介類を使った煮込み料理など	吐き気、嘔吐、腹痛、下痢、腹痛	酸素の少ない状態で増殖しやすく、煮沸１時間以上でも死滅しない 大量調理で起きやすい食中毒
ノロウイルス	汚染された二枚貝や井戸水、カキ、あさり、しじみなど	激しい嘔吐、下痢、腹痛	患者の糞便、汚物からの二次感染に注意

出典：厚生労働省

図4-14 ●家庭でできる食中毒予防の六つのポイント

3 新型コロナウイルスへの対応

新型コロナウイルスについては、まだ解明されていないことが多く、社会的な混乱が生じているなかで、園としての対応が求められています。集団生活施設として、子どもたちの健康と安全を維持し、子どもの健康被害を最小限に食い止めるために、医療機関や行政との連絡・連携を密にとりながら、新型コロナウイルスに関する正確な情報の把握および共有に努めることが大切です。まずは、園のなかで、陽性者が発生した場合のフローチャート（流れ図）、感染予防のための対応策などを、園長、主任などのリーダー、ミドルリーダーが中心となって作成し、職員全体で共有していきましょう。こうした緊急時に電話以外の連絡方法がない場合には、全職員がつながれる方法を新しく導入し、在宅であっても情報共有できる環境を整備することも必要です。■

ワーク

- 園のなかで、子どもたちが自分の体や健康に興味をもち、大切にしようとする気持ちが育まれるような環境には、どのようなものがあるでしょうか。各園の工夫について話し合ってみましょう。
- 子どもとの調理活動をするときに、どのような食中毒予防を行っていますか。各園の取り組みについて意見交換してみましょう。そのうえで、今後、さらに、どのような取り組みや工夫ができるのか、話し合ってみましょう。

column

食習慣と口腔機能

弘中祥司

噛む力が強い子どもって、どんな子でしょうか？　いつも硬いものを食べている子？歯が丈夫な子？　いいえ、それは答えではありません。私たちの調査研究[1]では、全身の筋肉量が多い子ども、特に握力が強い子どもに関連性がみられました。言い換えれば、体格がよい子どもは噛む力も強いということです。たくさん身体を動かして、その分のエネルギーを補給するので、効率よく口腔機能も上がります。逆に、本を読むのが好きな静かな子は、あまり身体を動かさないので、そんなにエネルギー補給を必要としません。食習慣と口腔機能は性格も含めて、関連性があると思います。

では、口腔機能を上げるには、「食べる」ことを増やせばよいのでしょうか？　実は、食べる機能よりも上位の機能があります。それが、「しゃべる」機能です。相手に伝わるように、微細に口腔の筋肉を動かして、発音する。それはとても高度な運動です。いっぱいおしゃべりして、お友だちの中でも人気者、そういう子にあまり食べない子は見当たりません。本を読むのが好きな子には、声を出して読んでもらいましょう。歌を歌うことも大切なトレーニングです。ただ、「しゃべる」という点では、特別な配慮を必要とする子どもさんは、不利な点が多いと思います。ただし、逆に、いっぱい遊んで筋力を上げましょう。そうすれば、そんな子どもさんたちも、口腔の機能が育っていきます。子どもは遊ぶのが仕事とは、よく言ったものですね。

1）K. Fujii, A. Ishizaki, A. Ogawa, T. Asami, H. Kwon, A. Tanaka, N. Sekiya, S. Hironaka. Validity of using multi-frequency bioelectrical impedance analysis to measure skeletal muscle mass in preschool children. J Phys Ther Sci, 2(5), 863-868, 2017.

参考文献

- 海老澤元宏・林典子監修『新・食物アレルギーガイドブック』メイト、2020年
- 小林美由紀編著・森脇浩一編集協力『子どもの保健テキスト』診断と治療社、2018年
- 藤井葉子編著、山根希代子監修『発達障害児の偏食改善マニュアル』中央法規出版、2019年
- 宮前貴行・赤井愛・古川千鶴「視覚に障がいを持つ子どものための食器セットの提案」、日本デザイン学会『デザイン学研究 BULLETIN OF JSSD 2017』
- 小川雄二編集『子どもの食と栄養演習書 第3版』医歯薬出版、2020年
- 太田百合子・堤ちはる編集『子どもの食と栄養 第2版』羊土社、2020年
- 西村実穂・水野智美編著、徳田克己監修『気になる子の偏食――発達障害児の食事指導の工夫と配慮』チャイルド本社、2014年
- 田角勝・向井美恵編著『小児の摂食嚥下リハビリテーション 第2版』医歯薬出版、2014年
- 公益財団法人児童育成協会監修、堤ちはる・藤澤由美子編集『新・基本保育シリーズ12 子どもの食と栄養』中央法規出版、2019年

- 東京都福祉保健局ホームページ「アレルギー疾患に関する3歳児全都調査」2020年10月22日発表

QRコード

- 厚生労働省「保育所におけるアレルギー対応ガイドライン（2019改訂版）」

QRコード

- 厚生労働科学研究班「食物アレルギーの栄養食事指導の手引き2017」

QRコード

- 文部科学省「学校給食における食物アレルギー対応指針」

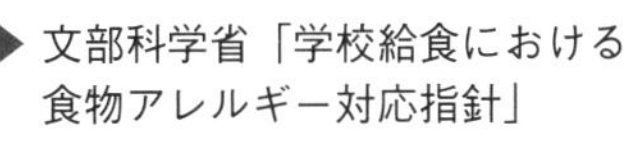

QRコード

- 環境再生保全機構ERCA（エルカ）「ぜん息予防のためのよく分かる食物アレルギー対応ガイドブック2014」

QRコード

- 厚生労働省ホームページ「食中毒」

QRコード

- 厚生労働省ホームページ「新型コロナウイルス感染症について」

QRコード

- 文部科学省編「幼稚園教育要領解説」フレーベル館、2018年（文部科学省のホームページにも掲載されている）

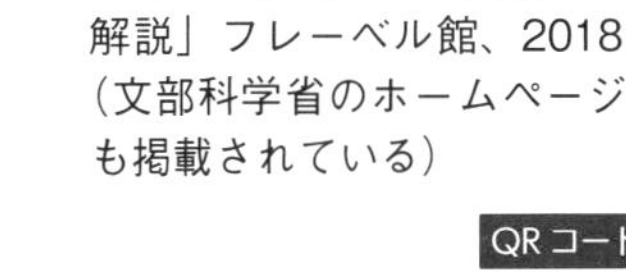

QRコード

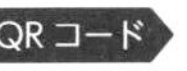

- 厚生労働省「保育所における感染症対策ガイドライン（2018年改訂版）」

QRコード

第4章 特別な配慮を必要とする子どもへの指導

第 5 章

食育推進のための連携

第1節 職員間の連携

節のねらい
- 現在の職名において課せられた役割とともに、園長や他職種の役割への理解を深める
- 園で食育を推進するための体制づくりの方法を理解する

1 園長の役割

今日、地域社会から求められている幼稚園等の機能や役割は、教育課程に係る教育活動に加え、教育時間の終了後等に行う教育活動や、地域の子育て家庭への支援など、一層拡大しています。幼稚園においては、学校教育法第23条における幼稚園教育の目標を達成するために必要なさまざまな体験が豊富に得られるような環境を構成し、そのなかで幼児が幼児期にふさわしい生活を営むようにすることが大切です。そのためには、職員間の連携が不可欠です。食育の取り組みにおいて、幼児とのかかわりの多い保育者のみならず、食事の提供のための調理員や栄養士、養護教諭などの職員が、食育に関して共通した認識をもち、研修等を通じ、専門性を高めつつ、相互連携を強化して進めていくことが重要です。

多くの職員のなかでも、園長は、広い視野と幼稚園教育に対する識見に基づいてリーダーシップを発揮し、一人ひとりの保育者が生き生きと日々の教育活動に取り組めるような雰囲気をもった幼稚園づくりをすることが求められます。つまり、保育者同士が各々の違いを尊重しながら協力し合える開かれた関係をつくり出していくことが、保育者の専門性を高め、幼稚園教育を充実するために大切なのです。

幼稚園ではありませんが、保育所での食育推進のために各立場別の実践度を比較した調査結果（表5-1）をみると、主任などの他の職名と比較して、園長の実践度が高かった内容が示されています。食育推進のための園内外の施設等ハード面づくり、保育と栄養士・調理員の連携の仕組みづくり、地域資源の情報収集などパイプ役を担っていることが明らかになっています。

1）食育推進に向けた園内外の環境づくり

食育を推進するうえで、食育を巡る教育方針やシステムは、幼児にかかわる保育者だけでは決定できず、園長による決定や判断が大きく関与してきます。給食に関しては「昼食には給食を提供するのか、または、弁当を家庭から持参するのか」「給食も園内の調理室で職員である栄養士や調理員が作るのか、または、調理業務は他の会社に委託するのか」「食事の場はどのような環境にするのか」、また「園内に

表5-1 ●保育所での食育推進のために、園長の実践度の高かった内容（主任などの他の職名での実践度との比較から）

〈食育のための園内外の施設環境づくり〉	□ 子どもが自発的・意欲的に関われるよう、菜園やプランター、園庭など、植物の育ちに関わる環境に配慮する □ 調理室やランチルームなど食事提供に関する園全体の環境づくりに配慮する □ 保育室や玄関、園庭など食に関わる園全体の環境づくりに配慮する
〈職員の共有・連携〉	□ 職員が要望や提案をしやすいように努める
〈職員連携のための仕組みづくり〉	□ 栄養士・調理員が保育へ参加する体制を整える
〈地域資源の情報収集〉	□ 農家、商店等の連携先の情報を得る

出典：酒井治子・會退友美・倉田新・坂崎隆浩・林薫・淀川裕美・池谷真梨子・久保麻季「保育所・認定こども園における食を通した保育者の専門性に関する研究――セルフチェック票の提案」『保育科学研究』９、21-24頁、2019年をもとに作成

菜園などを作って植物の育ちにかかわる環境を作るのか」など、園の施設・設備面をどのようなものにするかは、教育内容を構成するうえでの大きな物的・人的な条件となります。その背後には、食べること、生きることを通して、「どのような子どもに育てたいか」という教育方針が大きく関与します。園の経営・運営の区切りの時期に、そうした方向性を再確認していきたいものです。

2）カリキュラム・マネジメントを実施するためのリーダーシップ

幼稚園において、一人ひとりの幼児の「食を営む力の基礎」を培うためには、全体的な計画に留意しながら「幼児期の終わりまでに育ってほしい姿」を踏まえて、教育課程に食育の視点を盛り込んで編成していくことが望まれます（第２章参照）。

その際、幼稚園の規模や、その年度の幼児の「食を営む力」の発達状況、職員の配置状況などの人的条件、菜園や調理室の有無等の施設設備などの物的条件を把握し、特色を活かし、創意工夫のある教育課程を編成していくことが望まれます。

幼児が友だちとかかわって食にかかわる活動を展開するために必要な食物、調理器具、十分に活動するための時間や空間はもとより、幼児が生活のなかで触れ合うことができる自然や動植物などのさまざまな環境を用意していかなくてはなりません。実践にあたっては、園長の方針の下に、園長が定める園務分掌に基づき、すべての教職員が適切に役割を分担し、相互に連携することが必要です。

こうした実践を振り返り、教育課程の実施に必要な人的または物的な体制を確保し、改善を図っていくことが期待されます。全教職員の協力体制の下、組織的かつ計画的に教育活動の質の向上を図るカリキュラム・マネジメントを実施するためのリーダーシップも求められるところです。

3）職員間の連携の促進

幼稚園には、園長、教頭および教諭のほか、副園長､主幹教諭、指導教諭、養護教諭、栄養教諭、事務職員など多くの職員が従事しています。食育を推進していくうえでは、こうした職員間の連携が重要です。

特に、経験年数の短い保育者にとっては、食にかかわる活動は生活経験が少ないゆえに、主体的な活動を組み立てにくいところもあります。園長が自らの実体験を踏まえた広い視野と幼稚園教育に対する識見に基づいてリーダーシップを発揮し、一人ひとりの保育者が生き生きと日々の教育活動に取り組めるような雰囲気をもった幼稚園づくりをすることが求められます。

また、昼食などの食事を提供している幼稚園には、栄養士や調理員が配置されている園もあります。食育といえば、当然、自分たちの業務の一環だと認識しているかと思いますが、どうしても調理室に籠もりがちで、食に関する活動に対しても要望を伝えたり、自らが活動の提案をしたりしにくい現状にあります。園長のリーダーシップにより、職員間の連携を進めていくことで、栄養士や調理員を巻き込んで、風通しのよい園づくりにつなげていきましょう。

4）地域連携のコーディネーターの役割

幼児が食にかかわる体験を豊かにしていくために、教職員が地域との連携を図っていくことが必要です。しかし、目の前の幼児に向き合っている保育者にとって、地域に目を向け、地域と連携した活動を進めていくことは容易なことではありません。いつ、どのような機関・団体と、どのような活動をしたいのかを考える前に、実行するための労力やリスクに目が行きがちです。本章第３節にもあるように、園長自身が、地域の食物の生産や流通、食材や弁当の搬入業者などのフードシステムとの連携や、地域のなかでのさまざまな機関の食育に関する実践活動にアンテナを高く張って情報を収集したり、具体的な連絡先を探したりして、地域連携のコーディネーターの役割を担うことが期待されます。

2 保育者間の協力体制

幼児一人ひとりの「食を営む力」を育むためには、保育者が協力して一人ひとりの実情を把握し、援助していくことが大切です。幼児の興味や関心、そして課題は多様であるため、複数の保育者同士が日頃から連絡を密にすることで、幼稚園全体として適切な環境を構成し、援助していくことができます。

食事は誰にとっても身近であるがゆえに、根底にある自らの食に係る価値観に気づきにくいものです。同じ保育者といっても、保育者としての経験年数はもちろんのこと、保育者の歩んできた食歴や文化も異なりますから、幼児の捉え方も異なります。食事のマナー一つとっても、保育者がもつ、そして認知されないほど日常的で、長年かけて受け継いできた自らの価値観によって、捉え方が異なってきます。下記の「子どもの和食文化の形成を支える保育者の視点」のように、根づいてきた食文化の魅力を再認識するためには、連携を密にし、保育者が相互にさまざまな幼児にかかわり、互いの見方を話し合うことで、幼児理解を深めることができます。子どもの「なぜ」「どうして」に向き合うとともに、園内研修などの機会をつくり、日々の保育実践記録を基に、保育者が一人では気づかなかったことや自分とは違う捉え方に触れ、多様な視点から指導の過程を振り返り、幼児の理解を進めていきましょう。幼児一人ひとりのよさや可能性などを把握し、指導の改善に活かしていきたいものです。

子どもの和食文化の形成を支える保育者の視点 [1)]

日本という風土に根付いた食文化の中に生まれ落ちた子どもも、２歳ころになると、「なぜ？」「どうして？」と、さまざまなことを問いかける。「どうしてお箸は二本なの？」など、私たち大人が当たり前だと思っていることに対する問いが多く、事象の理由や文化的な価値観を再認識することが必要となってくる。

バーバラロゴフは『文化的営みとしての発達一個人、世代、コミュニティ（2006)』という著書の中で、「人は文化の活動に参加し関わりながら発達するのであり、文化の活動も世代を越えた人々の関与によって発達的に変化するものです。各世代の人々は、他者とともに社会文化的営みにかかわる過程で、前の世代から受け継いだ文化的道具や実践を活用し、拡張します。人々は、文化的道具の共同使用や実践を通して発達しつつ、同時に文化的道具、実践、制度の変容に手を加えることになるのです。」と記している。

和食文化も、子どもの「なぜ」「どうして」に向き合い、「なぜそれが社会のなかで当たり前と見なされているのか」「他の社会ではどのように捉えられているのか」と比較文化的な視野をもち、自分を相対化させて捉え直す視点が教育を考える上で大切である。和食文化の魅力はどこにあるのか、子どもと関わる中で再発見していきたい。

3 多様な職種の専門性を活かした連携

1）一人ひとりの専門性を高めつつ、学びあう職員集団に

幼稚園は、学校教育法第22条にあるとおり、「幼児を保育し、幼児の健やかな成長のために適当な環境を与えて、その心身の発達を助長することを目的と」し、園長、教頭および教諭をはじめ、副園長、

1）農林水産省 令和２年度国産農産物消費拡大事業のうち「和食」と地域食文化継承推進事業「和食文化継承の人材育成等事業」テキスト・事例集・スライド作成ワーキンググループメンバー『子どもと育む和食の時間』（第３章　子どもの和食文化の形成を支える　第４節　支えよう！　子どもの和食文化の形成を）45-61頁、2020年

主幹教諭、指導教諭、養護教諭、栄養教諭、事務職員など多くの職員がそれぞれの有する専門性を発揮しながら保育にあたっています。加えて、昼食などの食事を提供していれば、栄養士や調理員も配置されているかもしれません。すべての職員が一人ひとりの幼児を心から大切に思い、日頃から幼児と心が通い合うようにすること、また、子どもたち同士が仲間関係をつくっていけるように指導することが重要です。

子どもの保育と保護者の援助を行っていくためには、それぞれの職務にふさわしい専門性が求められます。さらに、それぞれの職員が、保育の内容等に関する自己評価等を通じて、保育の質の向上に向けた改善のための課題を把握したうえで、それを園全体で共有していくことが大切です。園全体として保育の質を向上させていくためには、こうした一連の取り組みが組織的かつ計画的に進められていくことが重要であり、そのためのマネジメント機能が強化されることが求められています。

保育の一環として食育を推進するうえでは、保育者に加えて、栄養教諭、養護教諭、栄養士、調理員などの全職員が協力することが不可欠です。保育者以外の職種では、教育および保育、児童福祉の単独の領域から養成されてきていないこともあり、幼児教育にかかわる用語や趣旨が共有しにくい場合もあることでしょう。保育者も、養護教諭、栄養教諭、栄養士、調理員等、それぞれの業務内容や思いを理解しにくいこともあるでしょう。児童の養護をつかさどる養護教諭、栄養の指導および管理をつかさどる栄養教諭と、互いの業務内容を理解し合えるように、実践内容を言語化すること、報告しあうこと、そのなかにある思いを伝えることから始めたいものです。互いの想いがぶつかり合った時には、幼児の健やかな成長のために、互いが何をすべきなのかを軸にしながら、学びあえる組織集団を一歩一歩、形成していくことが重要です。まさに組織としての育ちのプロセスを大切にしていきましょう。

2）栄養教諭の役割

食生活を取り巻く社会環境が大きく変化し、食生活の多様化が進むなかで、朝食を摂らないなど子どもの食生活の乱れが指摘されており、子どもが将来にわたって健康に生活していけるよう、栄養や食事の摂り方などについて正しい知識に基づいて自ら判断し、食をコントロールしていく「食の自己管理能力」や「望ましい食習慣」を子どもたちに身につけさせることが必要となっています。このため、食に関する指導（学校における食育）の推進に中核的な役割を担う「栄養教諭」制度が創設され、2005（平成17）年度から施行されてきました。

栄養教諭の配置は基本的に任意です。その理由は、すべての小・中学校などの義務教育諸学校において、必ずしも学校給食が行われているとは限らないということ、地方分権の趣旨等から、栄養教諭の配置は地方公共団体や設置者の判断によることとされています。

文部科学省「学校基本調査」によると、2020（令和２）年５月１日現在で、6652名の栄養教諭が配置されています。その配置場所は小学校が最も多く、次いで中学校です。幼稚園については、国立大学付属幼稚園などにおいて、小学校に配置された栄養教諭が兼任しているところもありますが、私立幼稚園での配置はまだまだ少ないのが現状です。給食業務に従事する栄養士が、栄養教諭の免許を取得している場合もあります。

栄養教諭は、「児童生徒の栄養の指導及び管理をつかさどる」教諭として（学校教育法第37条第13項）、その専門性を活かし、学校の食に関する指導における全体計画作成や実践等で中心的な役割を果たすことが期待されています。同時に、学校給食の管理において、栄養管理や衛生管理等に取り組み、学校内

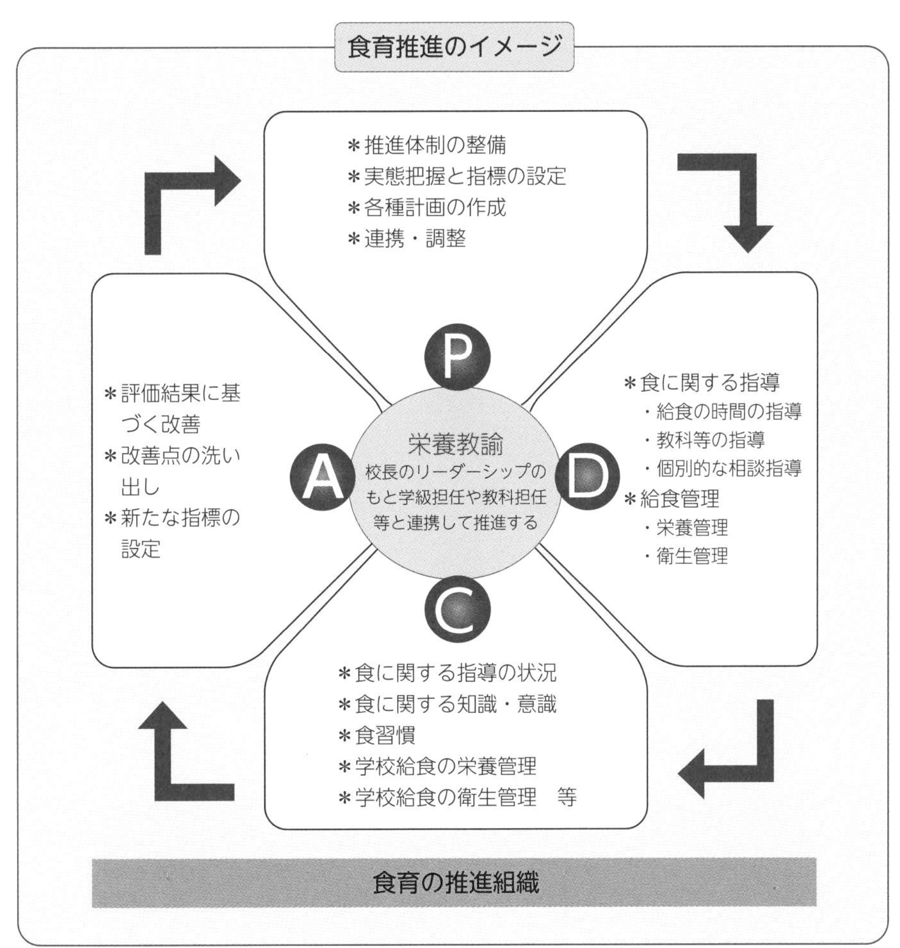

出典：文部科学省「栄養教諭を中核としたこれからの学校の食育」2017年

図5-1 ●栄養教諭を中核とした食育推進のPDCA

第5章 食育推進のための連携

における教職員間および家庭や地域との連携・調整において要としての役割を果たすことが求められています。栄養教諭を中核に、「計画」「実践」「評価」「改善」のPDCAサイクル（図5-1）に基づいて食育を推進していくことが期待されているのです。■

●次の課題について、グループに分かれて話し合ってみましょう。

①　担当クラスの食事時間において、悩んでいることを出し合ってみましょう。他の保育者から、その対応策などを引き出してみましょう。

②　幼稚園等での食育活動について、育てたい姿と一緒に、実施してみたい内容を提案してみましょう。

第2節　家庭との連携

節のねらい

- 園からの食にかかわる情報の発信などにより、幼児期の教育への保護者の理解が深まることを理解する
- 家庭での食育を支援する知識と技術を身につける

 1　幼稚園教育において、家庭と連携することの意義

私たちは、生まれたときから、生きるための食べ方を親から学び、育ってきました。一方、親は子どもの食べる姿と向き合い、「食」の本質である、多くの命によって自分が生かされていることや、人々が継承してきた文化を思い起こし、子どもに伝承しながら親として育っていきます。いわゆる、食を通した「親育ち」です。「食」の場での子どもの好奇心や探求心、創造性の芽生えや言葉の豊かさに触れることで、親自身の感性も、また呼び起こされるのです。

幼児期の教育は、大きくは家庭と幼稚園で行われ、両者は連携し、連動して一人ひとりの育ちを促すことが大切です。幼稚園は、学校教育法第24条にあるとおり、幼児教育を行うほか、「幼児期の教育に関する各般の問題につき、保護者及び地域住民その他の関係者からの相談に応じ、必要な情報の提供及び助言を行うなど、家庭及び地域における幼児期の教育の支援に努める」ことが期待されています。

幼児が「食を営む力の基礎」を培うためには、幼稚園における食育の推進のみならず、家庭からの協力が欠かせません。食育活動は生活に密着した身近な活動のため、保護者が主体的に参画、企画する機会をつくることも可能です。こうした親子での体験を積みかさねることで、保護者の視野が広がり、幼児期の教育に関する理解が深まるなどの変容も期待できます。同時に、幼稚園で蓄積された幼児の食育に関する知識や技術をもって、家庭での食育を保育者が支援していくことも重要です。

> 2　幼児の生活は、家庭を基盤として地域社会を通じて次第に広がりをもつものであることに留意し、家庭との連携を十分に図るなど、幼稚園における生活が家庭や地域社会と連続性を保ちつつ展開されるようにするものとする。（略）また、家庭との連携に当たっては、保護者との情報交換の機会を設けたり、保護者と幼児との活動の機会を設けたりなどすることを通じて、保護者の幼児期の教育に関する理解が深まるよう配慮するものとする。　（注：下線筆者）
>
> （幼稚園教育要領　第１章　総則　第６　幼稚園運営上の留意事項　２）

2 食を通した入園児の保護者に対する支援

1）保護者への食に関する情報の発信

「持っていったお弁当、どうして残してくるのか」「園ではどのように食事をしているのか」「エプロンが持ち物になっていたけれど、どうだったのかな」など、幼稚園での生活について、伝わっているはずだと思いがちですが、活動の全体像が保護者に届いていないことは多いものです。

保護者が保育所に期待する食育プログラムへのニーズに関する調査結果をみてみると（図5-2)、「子どもの食情報をもらう」ことへのニーズは、父親と母親とでは違いはあるものの、最も高くなっています。園だよりや掲示などを通して、園での食育活動のねらい・内容、食事中の子どもの様子や食事量などをお伝えすることは、教育内容への理解とともに、保護者に安心感を届けることになります。

給食試食会や、食事場面を含めた保育参観などは、子どもが集団で常に存在することの長所を活かし、複数の幼児の食行動を観察し、発達の課題とその支援方法を一緒に確認する機会にもなります。講演会などの形式は、幼稚園の保護者のほうが保育所の保護者より高いことも予測されます。講演会の内容も、保護者のニーズを踏まえ、地域から専門家を講師として招聘（しょうへい）して実施することも有効でしょう。

こうした取り組みによって、幼稚園での食育に関して、どのように取り組んでいるのかを伝えることができ、それが保護者の食育への関心を高める可能性もあります。食育活動の持ち物などだけでなく、食育のねらいや具体的な内容を前もってお伝えすれば、親子が登園することを楽しみにすることでしょう。また、実践や評価のプロセスを伝え、子どもの食を通した発達への理解を助けていきたいものです。

2）食を通した親子の交流の場の提供

子育てが孤立しつつあるなかで、対面による親同士の交流が少なくなっています。図5-2 の調査結果をみると、「親子で栽培体験をする」は父親・母親の平均が約80%、「親子で調理体験をする」は約70%、「絵本・紙芝居などで、親子で食に関する話を聞く」も約60%と、ニーズの高い内容となっています。特に、「親子で栽培体験をする」は、父親でも81.0%と、母親の77.7%を上回っています。このほかに、低率ではありましたが、母親より、父親でニーズの高かった内容は「地域の人々と食の交流をもつ」となっていました。子どもや地域の人々と交流の少ない父親にとって、園での交流の機会は子育てを楽しむ貴重な場となります。食に関しては、母親任せになりがちな部分もありますが、父親参加型の能動的なワークショップの場をつくり、父親の出番をつくっていくことも大切です。

一方、保育園の食育活動として実施して「欲しい」と回答した割合が少なかったのは、「子どもの食育活動の企画・運営に参加する」であり、父親が29.8%、母親が32.2%にとどまっています。時間に

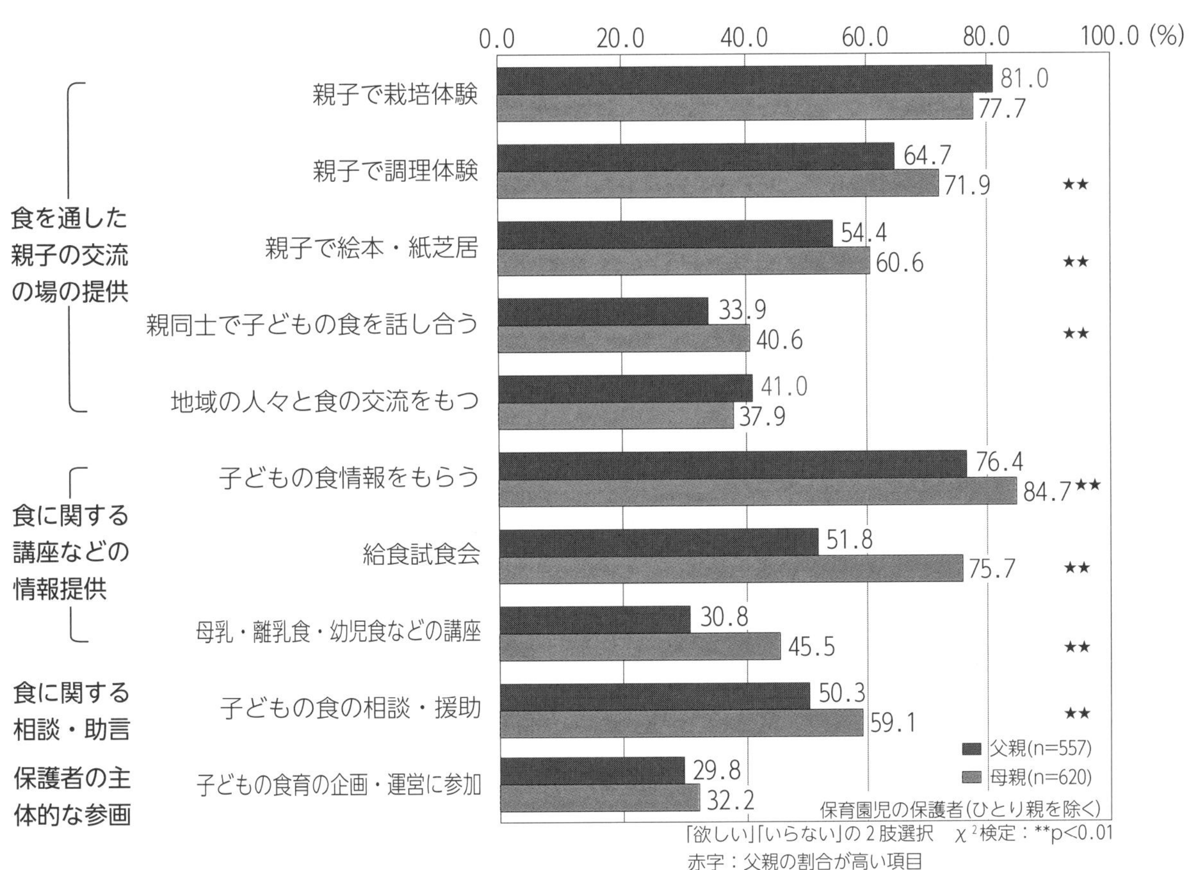

出典：酒井治子・菊地恵子・岡林一枝・林薫・藤澤良知「食を通した子育て支援の観点を活かした保育所保育に関する研究『一父親が発信者となる家庭での食育を焦点に一』」『保育科学研究』６、44頁、2016年を一部改変

図5-2 ● 保護者が保育所に期待する食育プログラムへのニーズ

比較的ゆとりのある幼稚園の保護者であれば、企画段階から積極的な参画が得られる可能性もありますが、行事などのイベントや子どもとの遊びなどの内容と組み合わせることで参加度を上げることも可能でしょう。

3）食に関する相談・助言

子どもが３歳以上になっても、食に関する不安や悩みを抱える保護者は少なくありません。2015（平成27）年の乳幼児栄養調査の結果をみると（図5-3）、現在子どもの食事について困っていることは、３歳～４歳未満、４歳～５歳未満、５歳以上では「食べるのに時間がかかる」と回答した者の割合が最も高く、それぞれ32.4%、37.3%、34.6%となっています。「特にない」と回答した者の割合が最も高い５歳以上でも22.5%であり、約８割の保護者が子どもの食事について困りごとを抱えています。

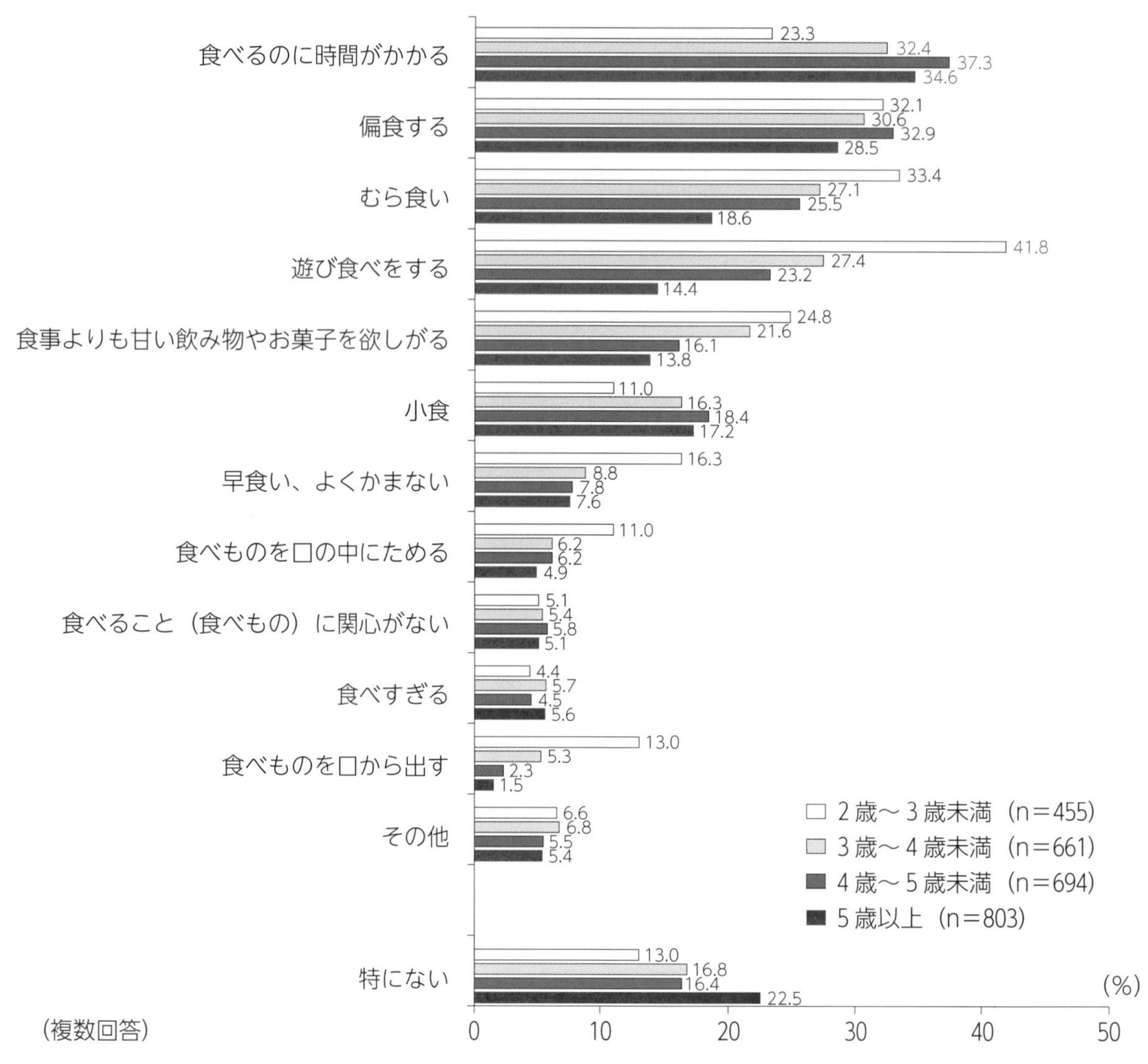

出典：厚生労働省「平成27年度 乳幼児栄養調査結果の概要」2015年

図5-3 ●現在の子どもの食事について困っていること

現代はインターネットやSNSの普及により、子どもの食に関する情報が溢れています。しかし、目の前のわが子の食の悩みを解決してくれる情報があるかといえば、そうではなかったりもします。また、情報が溢れているために、保護者が不安に思ったり、身近に相談する人がいないことで孤立してしまったりする場合もみられます。また、家庭での食に目を向けることは不適切な養育の兆候を発見したり予防することにもつながっていきます。

たとえば、子どもの身体が小さいことを気にしている保護者には、園での身長・体重の測定結果を成長曲線のグラフなどで示したりして、一人ひとりの成長に応じた育ちをしているかを確認していきます。同時に、園での食事の様子や食事量などをお伝えするとともに、家庭での食事の状況を聞いたりして、家庭での食生活のアドバイスをしていきましょう。

保護者も一人ひとりライフスタイルや気持ちが異なります。保護者の声を傾聴し、状況や気持ちを受容し、共感しつつ、助言を行っていきましょう。選択肢をいくつか提示するなかで、保護者自身がそれを自己決定し、「それだったら、できそうだな」と自己効力感[*1]の高まるような言葉かけをするように心がけましょう。ひいては、保護者を含めた家庭の食生活の見直しにつながっていくことでしょう。保護者の悩みが解消されていくと、親としての自己肯定感も高まり、まさに、親育ちの援助となっていきます。

3 園と家庭が連携した幼児の生活リズムの形成

幼児は、一日の中で家庭と幼稚園を行き来しながら、生活リズムを形成していきます。幼児が健やかに成長していくためには、適切な運動、調和のとれた食事、十分な休養・睡眠が大切です。幼児がこうした生活習慣を身につけていくためには、家庭の果たすべき役割は大きいところです。しかし、「よく体を動かし、よく食べ、よく眠る」という幼児から学童といった成長期の子どもにとって当たり前で必要不可欠な基本的生活習慣が乱れがちです。また、基本的生活習慣の乱れは、学習意欲や体力、気力の低下の要因の一つとして指摘されています。家庭における食事や睡眠などの乱れを、個々の家庭や子どもの問題として見過ごすのではなく、社会全体の問題として地域による一丸となった取り組みが重要な課題となっています。

こうした背景のなかで、2016（平成18）年４月、文部科学省が旗を振り、100を超える個人や団体が参加し、「早寝早起き朝ごはん」全国協議会が設立されました。子どもたちの問題は大人一人ひとりの意識の問題でもあり、子どもの基本的生活習慣の確立や生活リズムの向上につながる運動を積極的に展開しています。2020（令和２）年、文部科学省は、「できることからはじめてみよう　早ね早おき朝ごはん」と題したパンフレットを作成し、早寝早起きをしてよいリズムをつくること、朝ごはんをしっかり摂ること、元気いっぱい体を動かすこと、お手伝いにもチャレンジすることの４点について啓蒙活動を実施しています（図5-4）。

特に、教育課程に係る教育時間の終了後等に行う教育活動については、地域の実態や保護者の事情を考慮することが大切です。しかし、幼児の健康な心と体を育てる観点から、幼児の生活のリズムに配慮しなければなりません。夕食や就寝時間が遅くなったりすることのないよう、活動時間を設定するなどの配慮が必要です。幼稚園は、こうした趣旨を保護者に伝え、家庭と園が連携し、幼児期から基本的生活習慣を確立していくことができるよう、努めていきましょう。

＊１　自己効力感（self-efficacy）：自分がある状況において必要な行動をうまく遂行できると、自分の可能性を認知していること。カナダ人心理学者アルバート・バンデューラの提唱した社会的認知理論の中核となる概念の一つで、自己効力感が強いほど実際にその行動を遂行できる傾向にある。

○早ね早おき　よいリズム♪
○朝ごはんをしっかりとろう！
○元気いっぱい体を動かそう！
○みんなでチャレンジしてみよう！（お手伝い）

出典：文部科学省「できることからはじめてみよう　早寝早起き朝ごはん」令和２年度版

図5-4 ● できることからはじめてみよう「早寝早起き朝ごはん」

 4 入園前後の指導

幼稚園は幼児とその保護者にとって初めての集団教育の場であり、入園当初は特に丁寧な指導が必要です。入園当初においては，幼稚園生活がこれまでの生活と大きく異なるため、家庭との連携を緊密にすることによって、個々の幼児の生活に理解を深め、幼児が安心して幼稚園生活を送ることができるよう配慮することが必要です。

食に関する内容としては、お弁当の園では「ひとりでお弁当箱が開けられるか」「スプーンやフォークは上手に使えるか」「お弁当箱に入れる食事の量はどのぐらいが適当なのか」「先生やお友だちと一緒に食べられるのか」「お昼の時間内に食べられるか」などなどいっぱいです。給食の幼稚園でも「提供された食事が残さず、食べられるのか」「給食自体も、安全で、衛生的に提供されているのか」「食材の産地はどこか」「食品添加物は？」など、保護者以外の人々が調理した食事を食べること自体に不安を

覚える保護者もみられます。保護者にとっては、子どもが初めて離れて食事をするわけですから、安心して食事ができるのか心配になったりします。一人ひとりのその幼児の姿を保育者が受け止め、きめ細かくかかわることによって、幼児も保護者も安心して充実した幼稚園生活が送れるようになっていきます。たとえば、弁当箱の大きさや食事量、幼児が一人で食べることを促すような調理形態等の工夫などをお伝えするとともに、就園後は昼食場面などの保育参観会などを実施し、保護者が園で生活する幼児の姿に安心感をもてるような支援も大切です。

5 小学校への円滑な移行を目指した家庭との連携

幼稚園教育は、小学校以降の生活や学習の基盤の育成につながることに配慮し、幼児期にふさわしい生活を通して、創造的な思考や主体的な生活態度などの基礎を培うことが重要です。生活面でも、家庭と連携し、小学校での生活が円滑にスタートできるよう、生活リズムを整えていきましょう。

小学校（初等教育）の就学に際しては、前年度の11月30日までに、自治体において健康診査が行われます。この就学時健康診断は、学校保健安全法*2の第11条に定められたものであり、「市（特別区を含む。）町村の教育委員会は、学校教育法第17条第1項の規定により翌学年の初めから学校に就学させるべき者で、当該市町村の区域内に住所を有するものの就学にあたって、その健康診断を行わなければならない」としています。1958（昭和33）年にこの制度は始まり、生後、身体の疾患や知的発達の度合いが検査されます。栄養状態については、皮膚の色沢、皮下脂肪の充実、筋骨の発達、貧血の有無等について検査し、栄養不良または肥満傾向で特に注意を要する者の発見のために、実施されているのです。幼稚園においても、こうした趣旨を認識し、心身ともに健康な状態での就学を支援していきましょう。■

● 次の課題について、グループに分かれて話し合ってみましょう。

① 保護者から寄せられる食に関する悩みや相談にはどのようなものがあるのか、共有してみましょう。

② ①を受け、どのような情報の発信ができるか、リストアップしてみましょう。

③ 園での幼児に向けた食の援助のポイントなどをまとめてみましょう。家庭でもこのポイントの提案が役立つはずです。

＊2 1958（昭和33）年公布（2009（平成21）年に「学校保健法」から改題された）。学校における児童生徒等および職員の健康の保持増進を図るため、学校における保健管理に関し必要な事項を定めている。また、学校における教育活動が安全な環境において実施され、児童生徒等の安全の確保が図られるよう、学校における安全管理に関し必要な事項を定めている。

第3節　地域との連携

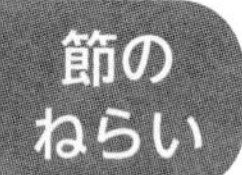

- 園を取り巻く自治体や国の食にかかわる課題やその解決に向けた計画を理解する
- 幼児が「食を営む力」を培うために、地域のどのような機関・団体と連携することができるかを把握し、実践に結びつける

1 幼稚園教育における地域と連携した食育の意義

幼児期になると、幼児は家庭において親しい人間関係を軸にして営まれていた生活から、より広い世界に目を向け始めます。園と家庭、双方の生活の場を行き来し、他者とかかわるなかで、興味や関心などが急激に広がり、依存から自立に向かっていきます。幼稚園は、家庭での保護者との愛着形成を基盤にしながら、家庭では体験できない社会・文化・自然などに触れ、保育者に支えられながら、幼児期なりの世界の豊かさに出会う場でもあります。さらに、地域はさまざまな人々との交流の機会を通して豊かな体験が得られる場にもなります。

食べるという行為は生活の一部であり、大人が用意した食事を食べるという観点から、幼児にとっては主体的な活動になりにくいものです。保育者や友だちとのふれあいに加え、地域のさまざまな場や人々と能動的にかかわり、自己を表出していきます。そこから、外の世界に対する好奇心が育まれ、探索し、物事について思考し、知識を蓄えるための基礎が形成されていきます。また、食を通して、ものや人とのかかわりにおける自己表出を通して自我を形成するとともに、自分を取り巻く社会への感覚を養っていくことができるのです。幼児の主体性が発揮され、生きる力の基礎ともいうべき生きる喜びを味わう場をつくることが大切です。さらに、地域の人々が幼児の成長に関心を抱けば、家庭と幼稚園以外の場が幼児の成長に関与することとなり、幼児の発達を促す機会を増やすことにつながります。

食べるという行為は、他の生き物の誕生や成長、そして死を傍らに置きつつ、食物の生産から流通、消費と橋渡ししていく社会生活のなかで営まれるものです。保育者が幼児の視野の広がりに目を向け、地域との連携を重視し、幼児が食にかかわる体験を積み重ねることができるよう配慮していくことが大切です。

 国が進める食育推進基本計画、自治体の食育推進計画と、園での食育活動との関連づけ

1）幼稚園での食育と、国や自治体の食育推進基本計画とのかかわり

幼稚園では、教育課程や指導計画のなかで食育が計画され、それに基づいた実践をしてきています。こうした個々の教育機関や団体だけでなく、園のある自治体、そして国全体でも、国民運動として食育を推進していくための計画が策定され、推進されています。

2005（平成17）年の食育基本法（平成17年法律第63号）（第1章参照）の施行以降、国では食育推進基本計画が、地方自治体では都道府県や市区町村において、地域性あふれる食育推進計画が策定されてきています。たとえば、市区町村の食育推進計画の多くは自治体の教育・保育・医療・福祉・産業部局と多くの行政部局が中心となりますが、地域の農林漁業者、食品関連事業者、NPOや民間企業、団体等が一緒になって作成しています。

幼稚園等もこの関係機関の一つです。あらためて、自分たちの園がある地域にはどのような地域特性があるのか、また、さまざまな人々が何にこだわり、どのような魅力ある活動が進められているのかを知る機会にもなります。幼稚園は、毎日、日常的に、目の前の親子に向き合うことができるのが長所です。しかしながら、子ども世代以外の、学童期・思春期や成人期、高齢期には目を向けにくいこともあります。生涯にわたる健康や生活の質の基本として「子どもの食」を捉える視点、いわば縦軸とでもいう視点が必要です。もう一方で、地域をさまざまな関係機関や団体など広がりで考える、いわば横軸の視点も重視していきたいものです。

国、都道府県や市町村等の自治体での食育推進計画の策定のプロセスに注目してみましょう。幼稚園以外の機関や団体が、どのような食に関する課題をもち、どのような取り組みを実施しているかを把握しましょう。地域と連携した活動に向けた足掛かりにすることもできます。

2）国が進める食育推進基本計画

「国民が生涯にわたって健全な心身を培い、豊かな人間性をはぐくむ」（食育基本法第1条）ことを目的として、2005（平成17）年6月に食育基本法が制定されました。その後、同法に基づいて、国では、食育推進基本計画（平成18年度から平成22年度まで）が策定されました。その後、第2次食育推進基本計画、第3次食育推進基本計画と進み、2021（令和3）年3月には第4次食育推進基本計画が策定されました。高齢化の進行のなかで健康寿命の延伸や、生活習慣病の予防、また、食料を生産する農業者や農村人口の著しい高齢化・減少に加えて、日本各地で異常気象に伴う自然災害、そして、新

型コロナウイルス感染症の感染拡大は、国民の食行動・意識・価値観にまで波及してきました。こうした状況を踏まえ、①生涯を通じた心身の健康を支える食育の推進、②持続可能な食を支える食育の推進、③「新たな日常」やデジタル化に対応した食育を推進する必要性が強調されました。

第３次食育推進基本計画における進捗状況から、次の現状と課題が明らかになっています。2020（令和２）年度までの値で目標値に達成している項目には、地域等での共食や、食品中の食塩や脂肪の低減に取り組む食品企業の登録数などが挙げられます。一方、目標値に達成していない項目には、食育への関心や、朝食の欠食や栄養バランスに配慮した食生活の実践などが挙がっています。

このような第３次計画で達成していない目標・目標値は、第４次計画に引き継ぎ、加えて、生涯を通じた健康や持続可能な食を支える食育を推進するため、新たな目標・目標値の追加・見直しを行い、16の目標・24の目標値に増加しています（表5-2）。具体的には、「栄養教諭による地場産物を活用した食に関する指導の平均取組回数」（５⑥)、「食塩摂取量の平均値」（６⑪)、「野菜摂取量の平均値」（６⑫)、「果物摂取量100g 未満の者の割合」（６⑬)、「産地や生産者を意識して農林水産物・食品を選ぶ国民の割合」（11⑱)、「環境に配慮した農林水産物・食品を選ぶ国民の割合」（12⑲)、「郷土料理や伝統料理を月１回以上食べている人の割合」（14㉒）に関する目標値が追加されています。

また、第４次食育推進基本計画の重点事項を、子どもから大人まで誰にでもわかりやすく発信するため、表現を単純化した絵文字であるピクトグラム（図5-5）を作成しています。小売店での店頭、学校の教育現場、食育を行う際の啓発資材、商品の包装への印刷等において、多くの人が使用していくことを目的としています。持続可能な開発目標（SDGs）*3の実現には、飢餓、健康・福祉、水、そして、「食」食材の調達、生産過程、ロス、食文化などを含めて考えると、17の目標すべてに、「食」の問題が深くかかわっています。こうした視点が重視されたことが強調されています。

3）幼稚園での食育の充実に向けて

幼稚園において、生涯を通じた心身の健康を支えるうえでの幼児期の食育の意義を重視するとともに、生産から食卓までの食べ物の循環を意識し、持続可能な食を支える食育を推進していくことが大切です。幼児とその親にかかわる拠点として推進していくことができる国や自治体の食育推進計画の目標を確認し、園での取り組みに関連づけて、積極的に実践していきましょう。食を通して、目の前の子どもから、他の世代、地域の産業との関連や地域の人々の暮らしをみつめる力を高めていきたいものです。それは豊かな保育実践にもつながっていくことでしょう。

＊３　持続可能な開発目標（SDGs：Sustainable Development Goals）：2015年の国連総会で採択された「我々の世界を変革する：持続可能な開発のための2030アジェンダ」と題する2030年に向けた行動指針。17のグローバル目標と169のターゲット（達成基準）からなる。貧困に終止符を打ち、地球を保護し、すべての人が平和と豊かさを享受できるようにすることをめざしている。

表5-2 ●第４次食育推進基本計画における現状値と目標値

目標 具体的な目標値（追加・見直しは赤色の目標値）	現状値（令和２年度）	目標値（令和７年度）
1 食育に関心を持っている国民を増やす		
① 食育に関心を持っている国民の割合	83.2%	90%以上
2 朝食又は夕食を家族と一緒に食べる「共食」の回数を増やす		
② 朝食又は夕食を家族と一緒に食べる「共食」の回数	週9.6回	週11回以上
3 地域等で共食したいと思う人が共食する割合を増やす		
③ 地域等で共食したいと思う人が共食する割合	70.7%	75%以上
4 朝食を欠食する国民を減らす		
④ 朝食を欠食する子供の割合	4.6%※	0％
⑤ 朝食を欠食する若い世代の割合	21.5%	15%以下
5 学校給食における地場産物を活用した取組等を増やす		
⑥ 栄養教諭による地場産物に係る食に関する指導の平均取組回数	月9.1回※	月12回以上
⑦ 学校給食における地場産物を使用する割合（金額ベース）を現状値（令和元年度）から維持・向上した都道府県の割合	−	90%以上
⑧ 学校給食における国産食材を使用する割合（金額ベース）を現状値（令和元年度）から維持・向上した都道府県の割合	−	90%以上
6 栄養バランスに配慮した食生活を実践する国民を増やす		
⑨ 主食・主菜・副菜を組み合わせた食事を１日２回以上ほぼ毎日食べている国民の割合	36.4%	50%以上
⑩ 主食・主菜・副菜を組み合わせた食事を１日２回以上ほぼ毎日食べている若い世代の割合	27.4%	40%以上
⑪ １日当たりの食塩摂取量の平均値	10.1g ※	8g以下
⑫ １日当たりの野菜摂取量の平均値	280.5g ※	350g以上
⑬ １日当たりの果物摂取量100g未満の者の割合	61.6%※	30%以下
7 生活習慣病の予防や改善のために、ふだんから適正体重の維持や減塩等に気をつけた食生活を実践する国民を増やす		
⑭ 生活習慣病の予防や改善のために、ふだんから適正体重の維持や減塩等に気をつけた食生活を実践する国民の割合	64.3%	75%以上
8 ゆっくりよく噛んで食べる国民を増やす		
⑮ ゆっくりよく噛んで食べる国民の割合	47.3%	55%以上
9 食育の推進に関わるボランティアの数を増やす		
⑯ 食育の推進に関わるボランティア団体等において活動している国民の数	36.2万人※	37万人以上
10 農林漁業体験を経験した国民を増やす		
⑰ 農林漁業体験を経験した国民（世帯）の割合	65.7%	70%以上
11 産地や生産者を意識して農林水産物・食品を選ぶ国民を増やす		
⑱ 産地や生産者を意識して農林水産物・食品を選ぶ国民の割合	73.5%	80%以上
12 環境に配慮した農林水産物・食品を選ぶ国民を増やす		
⑲ 環境に配慮した農林水産物・食品を選ぶ国民の割合	67.1%	75%以上
13 食品ロス削減のために何らかの行動をしている国民を増やす		
⑳ 食品ロス削減のために何らかの行動をしている国民の割合	76.5%※	80%以上
14 地域や家庭で受け継がれてきた伝統的な料理や作法等を継承し、伝えている国民を増やす		
㉑ 地域や家庭で受け継がれてきた伝統的な料理や作法等を継承し、伝えている国民の割合	50.4%	55%以上
㉒ 郷土料理や伝統料理を月１回以上食べている国民の割合	44.6%	50%以上
15 食品の安全性について基礎的な知識を持ち、自ら判断する国民を増やす		
㉓ 食品の安全性について基礎的な知識を持ち、自ら判断する国民の割合	75.2%	80%以上
16 推進計画を作成・実施している市町村を増やす		
㉔ 推進計画を作成・実施している市町村の割合	87.5%※	100%

※は令和元年度の数値

注）学校給食における使用食材の割合（金額ベース、令和元年度）の全国平均は、地場産物52.7%、国産食材87%となっている。
出典：農林水産省「第４次食育推進基本計画の概要」2021年

第5章 食育推進のための連携

★生涯を通じた心身の健康を支える食育の推進

ペットボトルと缶詰

★持続可能な食を支える食育の推進

出典：第８回 食育推進会議参考資料「食育ピクトグラム（デザイン、コンセプト、利用規約）」2021年

図5-5 ●食育に関する新たな啓発資材（ピクトグラム）

 社会に開かれた食育活動に向けた、地域の社会資源の発掘と活用

幼稚園教育要領や幼保連携型認定こども園教育・保育要領にも示されるように、幼児の生活は、家庭を基盤として地域社会を通じて次第に広がりをもっていくものです。幼児がより豊かな体験を積み重ねることができるよう、他の園や小学校等の教育・保育機関、保健所や保健センターなどの医療・保健関係機関、食料生産・流通関係機関などの社会資源と密接に連携した食育が期待されています（図5-6）。

> 2　幼児の生活は、家庭を基盤として地域社会を通じて次第に広がりをもつものであることに留意し、家庭との連携を十分に図るなど、幼稚園における生活が家庭や地域社会と連続性を保ちつつ展開されるようにするものとする。その際、地域の自然、高齢者や異年齢の子供などを含む人材、行事や公共施設などの地域の資源を積極的に活用し、幼児が豊かな生活体験を得られるように工夫するものとする。
> （幼稚園教育要領　第１章　総則　第６　幼稚園運営上の留意事項　２）

多様な関係者との連携および協働が重要であるといっても、「実際にはそれほど実施していない」という園がほとんどなのではないでしょうか。ここ数年、地域のどの団体が、誰と連携して、どのような活動を進めているのか、誰に連絡をとればいいのか、それは子どものどのような育ちにつながりそうなのかなど、リスト化してみるのもいいでしょう。一人ひとりの職員がどのような活動をしたいのか、その意図を引き出すことにもつながっていきます。

地域の関係機関・団体等の実践活動事例を収集することも有効です。インターネットや情報誌などからの情報収集もできます。もう一方で、その地域独自の実践事例発表会や推進会議等は、多くの人が一堂に会する意義も大きく、活用していきたいものです。そのためには、日頃から園の全職員が、地域の食育に関する情報の把握に努めることが必要です。それぞれの活動の食育の目標を共有し、地域における食育のニーズを把握し、互いの活動を深めていくことができます。同時に、食育のねらいや子どもの育ち等を振り返ることになり、活動のあり方を評価し、再計画につなげていくことができます。

また、保護者に対して、子どもを対象とした地域の食育活動に積極的に参加することを勧めるなど、地域と連携した食育活動の推進に努めていきましょう。たとえば、保護者や地域の方々と一緒に行事やイベント等を開催し、料理をつくったり、食べたりする機会をつくることができます。人が多く集まれば、さまざまなウイルス等の感染や食中毒等、リスクも大きくなります。学校保健安全法施行規則、「学校のアレルギー疾患に対する取り組みガイドライン」「学校給食における食物アレルギー対応指針」（第４章を参照）等を参考に、衛生管理や感染症対策等のリスクマネジメントも整備しておきましょう。

4 食を通した子育ての支援

幼稚園は、学校教育法第24条にあるとおり、幼児教育を行うほか、「幼児期の教育に関する各般の問題につき、保護者及び地域住民その他の関係者からの相談に応じ、必要な情報の提供及び助言を行うなど、家庭及び地域における幼児期の教育の支援に努める」ことが期待されています。

子育てにおいて、食に関する不安・心配は決して少なくありません。幼稚園は幼稚園教育要領が示すように、子育ての支援のために、園に蓄積してきた子育ての知識、経験、技術といった専門的機能や施設を開放し、未就園の子育て家庭に対しても、食に関する相談や情報提供、交流の機会を積極的につくっていくことが求められています。幼稚園が拠点となり、食育を通して、地域の子育て家庭の食に関する不安、負担を軽減するとともに、家庭や地域の子育て力の向上にもつなげていきたいものです。

> 2　幼稚園の運営に当たっては、子育ての支援のために保護者や地域の人々に機能や施設を開放して、園内体制の整備や関係機関との連携及び協力に配慮しつつ、幼児期の教育に関する相談に応じたり、情報を提供したり、幼児と保護者との登園を受け入れたり、保護者同士の交流の機会を提供したりするなど、幼稚園と家庭が一体となって幼児と関わる取組を進め、地域における幼児期の教育のセンターとしての役割を果たすよう努めるものとする。その際、心理や保健の専門家、地域の子育て経験者等と連携・協働しながら取り組むよう配慮するものとする。
> (幼稚園教育要領　第３章　教育課程に係る教育時間の終了後等に行う教育活動などの留意事項　２)

具体的な相談内容としては、就園する前の３歳未満児に適した食事内容や食事量、調理方法、好き嫌いが多いなどの食べ方やマナーについて相談が寄せられることでしょう。また、食事の工夫だけではなく、十分な運動と睡眠など生活リズムの改善指導など、子どもの生活全般を見通した食育の助言を行うことも重要です。また、ピア・エデュケーション[*4]の視点から、３歳未満児の保護者同士、また、３歳未満児の保護者と在園児の保護者等と交流することができる機会を設けることも有効でしょう。

相談・助言の内容については、必ず記録に残し、必要に応じ、職員間で事例検討を行いましょう。なお、助言等を行うに当たっては、幼稚園における相談や対応の限界についても考慮し、相談者の意向を尊重しつつ、医療機関、保健所・保健センター、地域子育て支援センターなどの他機関との連携のもと、必要に応じて機関紹介・あっせんを行うことも大切です。

幼稚園におけるさまざまな食育の実践が出発点となって、「子どもから家庭、そして地域へ」と、地域における食育活動が広がっていくことが望まれます。園が地域において、幼児期の教育のセンターとしての役割を担っている現在、幼稚園が地域全体の子育て家庭への食育の発信拠点、食育推進の核（セ

＊４　ピア・エデュケーション(peer education)：peer ＝ 仲 間、education ＝教育の言葉のとおり、ある課題を解決するために必要な知識、技術や行動についての、対象者にとって身近な存在であるものによる教育。あるテーマについて正しい知識・スキル・行動を共有し合う。

ンター）の一つとなることが期待されています。

5 フードシステムに注目し、幼児を取り巻く環境に対してエコロジカルな視点をもつ意義

私たちはすべての食料を自給自足で賄うことはできません。多くの人々によって、食物を生産していただき、食品関連企業による加工・流通の過程を経て、手元に届けられ、それを調理し、食べています。いわゆる、国内外の食料の生産から食卓までの食物の循環、フードシステムなくしては生きていくことができません。図5-6の右側に示したフードシステムを形成する関係者と連携していくことで、郷土

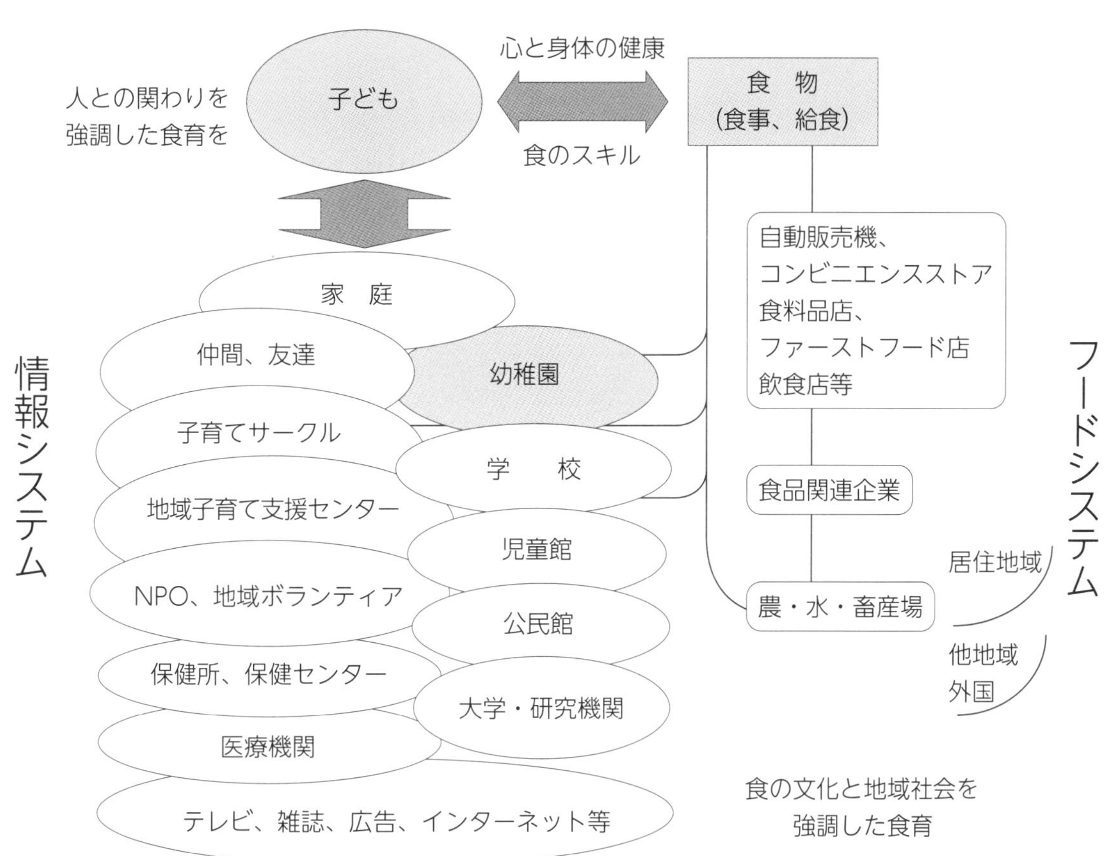

出典：酒井治子・新開よしみ・髙田文子・林薫・松永静子・無藤隆「幼保一元化施設における食育（食事提供）のあり方に関する研究」（財団法人こども未来財団 平成25年度児童環境づくり等総合調査研究事業）、154頁、2014年

図5-6 ●食を通じた子どもの健全育成のための環境づくり

の食にかかわる産業や社会、自然環境を意識した食育が展開できます。

日々の幼稚園教育の場にあっては、目の前の幼児とその家庭に焦点が絞られ、地域に視点を移しにくいかもしれません。地域に目を向けると、幼児自身も、幼稚園以外のさまざまな機関・団体などの人々とのかかわりをもって生活していることを認識することができます。子育ての支援の拠点としての機能が求められるなかで、食を通して、子育てを学び合い、分かち合い、支え合い、育て合う観点からの支援が期待されています。

このように、保育者が幼児を取り巻く環境に対してエコロジカル（生態学的）な視点をもって、幼児と食物を育てたり、調理をして食べる体験活動等により、地域社会の伝統や文化に関する教育を、なお一層、充実させていくことが期待されているのです。■

● 次の課題について、グループに分かれて話し合ってみましょう。

① 今までの、園と地域の関係機関とが連携した活動を振り返ってみましょう。

② 今後、連携を深めたい機関・団体、店舗等をリストアップしてみましょう。

column

小学校と連携した食に関する活動

食育の連携先として忘れてはいけない地域の関係機関に、小学校があります。小学校との連携は、子どもの発達に応じて連続した学びを保障するために、欠かすことができません。

2017（平成29）年の小学校学習指導要領、中学校学習指導要領、特別支援学校幼稚部教育要領、特別支援学校小学部・中学部学習指導要領の改訂においても、改訂前に引き続き、「学校における食育の推進」を総則に位置づけ、栄養教諭が学校給食を活用した食に関する指導を充実させることが明記されています。また、教育課程の編成および実施に当たっては、教科等横断的な視点に立ち、新たに食に関する指導の全体計画と関連づけながら効果的な指導が行われるよう留意することも記載されています。こうした食育の観点からも学びの連続性に注目し、相互理解を深めるように努めていきましょう。

まず、小学校でも食育計画、食に関する指導に係る全体計画が作成されているため、近隣の小学校のホームページなどを見ることで情報収集することが可能です。１年次にはどのような教科で、どのような学級活動を行い、どのような学習をするのか確認することもできます。できるならば、就学前での実践活動、それを通した学びについて小学校教諭と情報交換する場ができると望ましいでしょう。そのような幼稚園と小学校とのパイプ役を市町村の行政機関や保健所等の機関が担っている地域もみられます。また、子ども同士の交流として、５歳児クラスにおける小学校給食を通した小学生との交流なども実施されています。

参考文献

▶ 文部科学省「栄養教諭を中核としたこれからの学校の食育」2017年

QRコード

▶ 文部科学省「できることからはじめてみよう『早寝早起き朝ごはん』」2020年度版

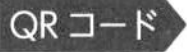

QRコード

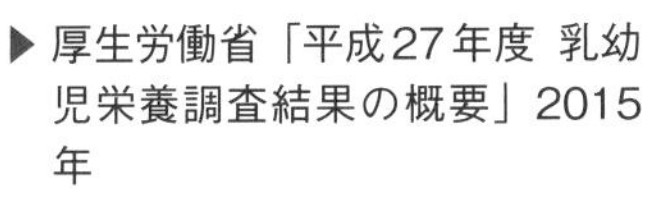

▶ 厚生労働省「平成27年度 乳幼児栄養調査結果の概要」2015年

QRコード

▶ 農林水産省「第４次食育推進基本計画」2021年

QRコード

保育者としての資質向上研修俯瞰図

保育者としての資質向上研修俯瞰図

（公財）全日本私立幼稚園幼児教育研究機構

		Hop	Step	Jump
A 愛されて育つ子ども	子どもの人権	A1-Ⅰ　子どもの理解 〈多様な子どもの受容〉 ○家庭環境、人種、職業等の違いの認識 ○差別的な言葉・表現の理解 〈人権を守る保育〉 ○子どもの人権と権利の理解 ○性差／個体差の認識と共有 〈支援を要する保育〉 ○インクルーシブ・特別支援教育の理解	A1-Ⅱ　子どもの理解 〈多様な子どもの受容〉 ○家庭環境、人種、職業等の違いの理解 〈人権を守る保育〉 ○子どもの人権と権利の共有 ○子どもの権利条約（生きる権利、育つ権利、守られる権利、参加する権利）の理解 ○ハラスメント・ジェンダーの認識 〈支援を要する保育〉 ○インクルーシブ・特別支援教育の共有	A1-Ⅲ　子どもの理解 〈多様な子どもの受容〉 ○家庭環境、人種、職業等の違いの共有 〈人権を守る保育〉 ○人権教育論の理解と共有 ○子どもの人権と権利の擁護 ○少年法／児童福祉法／発達障害者支援法／家族法／児童憲章等の理解と共有 ○子どもの権利条約（生きる権利、育つ権利、守られる権利、参加する権利）の理解と共有 ○ハラスメント・ジェンダー・マイノリティ・共生社会・合理的配慮の共有 〈支援を要する保育〉 ○インクルーシブ・特別支援教育の体制構築
	子どもの健康と安全（健康的な園生活）	A2-Ⅰ　健康的な園生活 ○視診・触診 ○家庭との連絡（既往症と持病、アレルギーの把握・対応・配慮） ○心理面のケア／アタッチメント ○身体測定、健康記録 ○健康衛生指導 ○生活習慣指導 ○健康診断 ○与薬（薬機法） ○就寝管理／呼吸確認（定時・SIDS 対応） ○救急法（ケガの対応・心肺蘇生法・AED 等） ○エピペン等への対応	A2-Ⅱ　健康的な園生活 ○食育（栄養管理） ○食品衛生 ○園医等との連携 ○保護者への健康（保健だよりも含む）・栄養指導と支援 ○家庭への生活習慣指導と支援 ○与薬（薬機法） ○エピペン等への対応 ○園医・園歯科医・医療機関との連携 ○愛着（アタッチメント）理論	A2-Ⅲ　健康的な園生活 ○食環境 ○栄養指導と支援（家庭向け） ○伝染病への対応 ○施設の衛生管理 ○薬品管理 ○子どもの生活環境に対する分析と提言 ○与薬（薬機法）
	子どもの健康と安全（安全な園生活）	A3-Ⅰ　安全な園生活 ○救急法（ケガ、心肺蘇生法・AED、誤飲・誤食等） ○安全指導、安全管理 ○積極的なヒヤリハットの活用 ○自園の安全管理マニュアルの理解と確認 ○災害・危機管理マニュアル、危険予知・予防（遊具・園庭環境・園外保育・有害動植物等） ○侵入者防御／対応	A3-Ⅱ　安全な園生活 ○小児保健（疾病含む）、校医との連携 ○災害管理、安全確認（遊具施設、園内環境） ○後輩への安全指導 ○リスクマネージメント ○危機管理マネージメント －防災計画・訓練（マニュアル）の検証	A3-Ⅲ　安全な園生活 ○健康管理 ○責任者論 ○リスクマネージメント ○危機管理マネージメント －防災計画・訓練（マニュアル）の企画・立案・作成・実施 ○重大事故・事件の報告・公表
	愛されていると感じられる保育	A4-Ⅰ　愛情深い保育 ○心の教育・保育、心・情動に向き合った保育 ○人間観・子ども観 ○愛されていると感じられる保育 ○安心・安全を感じられる保育	A4-Ⅱ　愛情深い保育 ○心の教育・保育、心・情動に向き合った保育 ○人間観・子ども観 ○宗教保育（仏教保育、神社保育、キリスト教保育等）	A4-Ⅲ　愛情深い保育 ○愛・感謝・希望を育む保育 ○宗教性を基盤に置いた保育

		Hop	Step	Jump
		○自己肯定感・自尊感情の醸成 ○虐待・ＤＶ防止	○愛・感謝・希望を育む保育 ○愛着形成（家庭・地域社会と共有）	
B　子どもと共に育つ保育者	人間性豊かな保育者	**B1-Ⅰ　人間性を磨く** 〈視野の拡大〉 ○感性を磨く（芸術や美術に触れる） ○社会的活動（地域活動への参加など） ○ボランティア活動 ○積極的にリフレッシュする	**B1-Ⅱ　人間性を磨く** 〈視野の拡大〉 ○異業種体験 ○他園実習研修 ○リフレッシュの重要性を理解する	**B1-Ⅲ　人間性を磨く** 〈視野の拡大〉 ○海外研修 ○自らへの投資を意識づける ○リフレッシュのタイミングを理解し、提案する
	子どもの心に寄り添い、共に生活し育ち合う	**B2-Ⅰ　子どもの理解** 〈育ちの理解〉 ○幼児期の発達理解 〈子ども理解〉 ○多様な理解があることを知る 〈子どもを評価する様々な技能や客観化する手法（評価のスケール等）の研修〉 ○評価方法を知る 〈公開保育〉 ○自園で他の保育者の保育を見る ○他園の公開保育に参加し自園との違いを感じる 〈エピソードの記述〉 ○語り合いながら、育ちや学びを共有することを知る	**B2-Ⅱ　子どもの理解** 〈育ちの理解〉 ○乳児期と児童期の理解 〈子ども理解〉 ○多様な理解をする 〈子どもを評価する様々な技能や客観化する手法（評価のスケール等）の研修〉 ○評価を使いこなす 〈公開保育〉 ○自園で自分の保育を見てもらい意見をもらう ○他園の公開保育に参加し自園の良さと課題を理解する 〈エピソードの記述〉 ○語り合ったり、記述したりすることを理解する	**B2-Ⅲ　子どもの理解** 〈育ちの理解〉 ○青年期（生涯）の理解／生涯発達心理の理解 〈子ども理解〉 ○多様な理解を提案し、その人らしさを引き出す 〈子どもを評価する様々な技能や客観化する手法（評価のスケール等）の研修〉 ○評価方法を考案する 〈公開保育〉 ○自園で互いの保育を見合い、園全体で共有する ○自園の保育を他園に公開する ○他園の公開保育に参加し自園と他園をコーディネートする 〈エピソードの記述〉 ○エピソードからの多様な読み取りを提案する
	遊びの専門性	**B3-Ⅰ　豊かな遊び** 〈アウトドア体験〉 ○自然と触れ合い遊び方を知る 〈プレイパーク、遊び場研修〉 ○魅力的な遊び場を体験する 〈生き物と触れ合う（命と触れ合う）体験、自給自足体験〉 ○生き物と触れ合い、育て方を知る 〈自分の得意分野を持ち、保育に生かす〉 絵画・造形・音楽・運動等の分野とそれ以外の分野 ○得意分野を知る	**B3-Ⅱ　豊かな遊び** 〈アウトドア体験〉 ○遊びを工夫する 〈プレイパーク、遊び場研修〉 ○遊び場を創造する（園内） 〈生き物と触れ合う（命と触れ合う）体験、自給自足体験〉 ○生き物の知識などを増やす 〈自分の得意分野を持ち、保育に生かす〉 絵画・造形・音楽・運動等の分野とそれ以外の分野 ○得意分野を磨く	**B3-Ⅲ　豊かな遊び** 〈アウトドア体験〉 ○遊びを創りだし提案する 〈プレイパーク、遊び場研修〉 ○遊び場を再生する（地域） 〈生き物と触れ合う（命と触れ合う）体験、自給自足体験〉 ○生き物を生活に取り込む 〈自分の得意分野を持ち、保育に生かす〉 絵画・造形・音楽・運動等の分野とそれ以外の分野 ○個の得意分野を園全体の保育に生かす
	社会人としての役割	**B4-Ⅰ　社会人としての自覚** 〈社会人としての姿〉 ○社会人としてのモラル、ルール、マナーを知る ○自分の仕事を理解し、慣れる ○組織の一員としての自覚を持つ ○クラス担任の仕事を理解する	**B4-Ⅱ　社会人としての自覚** 〈社会人としての姿〉 ○積極的にルールやマナーを理解する ○組織の一員として期待される役割を意識する ○自分の仕事の目的・役割を認識する ○学年としての見通しを持つ	**B4-Ⅲ　社会人としての自覚** 〈社会人としての姿〉 ○リーダーとしてのモラル、ルール、マナーを知る ○保育者としてのあり方を具体的に自らが示す ○組織の活性化を図る ○仕事の目的・目標を明確化する ○仕事の効率化を図る

		Hop	Step	Jump
	自園の保育の理解と実践	B5-Ⅰ　自園の保育の理解と実践 〈自園理解（建学の精神・園としての持ち味）〉 ○自園の教育・保育理念を理解する ○自園の教育課程を理解する 〈日常の保育の点検〉 ○保育のねらいを理解し意識する ○園のルールを知り、理解する 〈行事〉 ○行事の意義を知る	B5-Ⅱ　自園の保育の理解と実践 〈自園理解（建学の精神・園としての持ち味）〉 ○自園の教育・保育理念の特長を理解する ○教育課程を編成する 〈日常の保育の点検〉 ○保育のねらいを点検し見直す ○園のルールを検証し見直す 〈行事〉 ○行事を点検・検証し見直す	B5-Ⅲ　自園の保育の理解と実践 〈自園理解（建学の精神・園としての持ち味）〉 ○自園の教育・保育理念の特長を継承し課題を改善する ○自園の教育・保育理念を編成し明文化する ○教育課程を見直し再編する ○自然環境・遊び場マップをつくる ○子育て講座を実践する 〈日常の保育の点検〉 ○意見を集約し再構成する ○保育の目的やルールの意義を評価し見直しを投げかける 〈行事〉 ○意見を集約・検証し再構成する
	職場における同僚性	B6-Ⅰ　同僚性を高める 〈人間関係力〉 ○尋ね、相談する ○積極的にコミュニケーションを図る ○メンター（助言者）等に協力を求める ○ワークショップに参加する	B6-Ⅱ　同僚性を磨く 〈人間関係力〉 ○指導、助言が相手の立場に立ってできる ○リーダーの役割を学ぶ ○メンターを指名する ○メンターの役割を担う	B6-Ⅲ　同僚性を磨く 〈人間関係力〉 ○ワークショップを運営する ○次代のリーダーを育てる
C　教育・保育理論	保育の歴史や思想を知る	C1-Ⅰ歴史と思想 ○現代社会における子どもの問題 ○現代の教育・保育施設の誕生と理念	C1-Ⅱ　歴史と思想 ○社会変化と子どもの状況 －保育思想の芽生え ○保育制度や乳幼児期養育施設の変遷	C1-Ⅲ　歴史と思想 ○現代の保育制度と保育理念 ○多層化する保育ニーズ
		○ジョン･ロック、ルソー、ペスタロッチ、フレーベル、デューイ、エレン･ケイ、モンテッソーリ、ニール、シュタイナー、マラグッティ　など ○オーベルランの幼児保護所、オーエンの幼児学校、フレーベルのキンダーガルテン、モンテッソーリの子どもの家、マクミランの保育学校、ニールの自由学校、シュタイナー学校、レッジョエミリヤ市の幼稚園 ○ヘッドスタート計画		
	保育を支える発達の理論を知る	C2-Ⅰ　発達理論 〈発達に即した保育〉 ○保育から見取る身体的・知的発達 ○保育を通して見る発達段階と保育課題 〈発達の基礎理論〉 ○幼児期の育ち 身体の育ち、情動の育ち、言葉の育ち、知的な育ち、友達関係の育ち	C2-Ⅱ　発達理論 〈発達に即した保育〉 ○応答的に環境にかかわることの意味 ○自我の発達と家族関係の心理 －愛着の形成とホスピタリズム－ ○子どもの姿と発達理論上の相違の理解 〈発達の基礎理論〉 ○乳児期から児童期の育ち 社会性の育ち、道徳性の育ち、認知機能の育ち、自我・性格の育ち	C2-Ⅲ　発達理論 〈発達に即した保育〉 ○応答的な人的環境とは ○保育者の心理 ○現代の社会環境での発達の課題 〈発達の基礎理論〉 ○生涯発達の視点 主要な発達論の理解と乳児期、幼児期、児童・青年期の連続性とその規定要因の理解
		○ピアジェ、ビゴツキー、ワロン、エリクソン、ハーヴィガースト、ボールビイ、アインスワースなど ○発達のとらえ方、発達段階説、発達の最近接領域、発達課題、内言語、愛着の形成、「母性的養育の喪失」の問題		

		Hop	Step	Jump
	日本の保育制度を知る	C3-Ⅰ　制度の理解 〈保育の歴史〉 ○我が国の保育施策と保育施設 －社会の変容と保育施策 －子育て・保育に関する報道から見える考え方 －ベビーホテル等の保育環境 〈教育・保育制度〉 ○幼稚園・保育所・こども園・認可外保育施設の違い ○学校と児童福祉施設の違い －家庭を補完し、発達を援助する －幼児を保護し、家族を支援する	C3-Ⅱ　制度の理解 〈保育の歴史〉 ○保育制度の歴史と自園の設立の経緯 〈教育・保育制度〉 ○自園を取り巻く環境と保育制度の関係 －労働環境・家庭環境と開園時間など ○少子化時代の乳幼児教育施設 －エンゼルプラン・次世代育成支援法、子ども・子育て支援法などの政策とその意味	C3-Ⅲ　制度の理解 〈保育の歴史〉 ○創生期の幼児教育施設とその思想的リーダー ○社会情勢の変化に伴う教育施設の変遷と多様化 －幼稚園・保育所の成り立ち 〈教育・保育制度〉 ○保育制度の多様化が生む教育・保育観の違い －幼稚園・保育所の歴史的経緯 －児童中心主義と教師（大人）中心主義 －経験主義的学力観と系統主義的学力観 ○平成元年の幼稚園教育要領改訂の意義 ○発達・保育履歴の継続など制度上の問題点 ○現代的課題と保育者・保育団体の役割
		○東京女子師範学校附属幼稚園、新潟静修学校付属の幼児施設、二葉幼稚園、頌栄保姆伝習所 ○倉橋惣三、城戸幡太郎、A. L. ハウ女史　など ○幼稚園令、保育要領から幼稚園教育要領、保育所保育指針、認定こども園教育・保育要領		
D　子ども理解	子どもの育ちと記録のとり方（育ちの理解）	D1-Ⅰ 育ちの理解（事例研究） ○胎児から誕生までの育ち ○誕生から就学までの育ち ○身近な大人との関係の中での育ち －基本的信頼感、愛着形成、自我の芽生え、自己主張 ○自己肯定感と自己有能感の獲得 ○子ども同士の関係の中で －自己発揮、自己抑制、自律の獲得 －一人遊び～集団遊び、ごっこ遊び －母子分離、けんか、協同する経験	D1-Ⅱ 育ちの理解（事例研究） ○認知の発達（育ちの節目の理解） ○協同的学びの展開 ○縦割り保育、異年齢交流を実践する ○目に見えない内面や心情の理解（非認知的能力の育ち） ○同僚性を基盤としたチームとしての学び合い	D1-Ⅲ　育ちの理解（事例研究） ○園の教育・保育理論の確立（リーダーとして） 子ども理解に始まる保育・教育 乳児期の保育と幼児期の教育の一体化（インテグレーション） ○学童期の発達の姿（スタートカリキュラムの理解） ○人生の基礎を培う乳幼児期 コミュニケーション力・社会人基礎力・批判的思考力
	子どもの育ちと記録のとり方（育ちの記録）	D2-Ⅰ 育ちの記録（取る） ○個人記録 ○保育日誌 ○様々な記録（エピソード、環境図、写真、動画）	D2-Ⅱ 育ちの記録（利用する） ○日誌からエピソードへ ○保護者との育ちの共有 エピソード、ドキュメンテーション、ポートフォリオ ※写真等の活用 ○肯定的視点による記録 ○集団の記録 ○個別記録の引き継ぎ	D2-Ⅲ 育ちの記録（生かす） ○エビデンスに基づく育ちの検証と記録ができる ○園内研修（ケース会議）を企画する －子ども理解から始まる教育・保育実践 ○園内研修の実施とファシリテーション ○保育へのフィードバック ○研修の目的を達成する
	特別支援教育	D3-Ⅰ 特別支援教育の理解	D3-Ⅱ 特別支援教育の保育実践	D3-Ⅲ 特別支援教育の環境整備

		Hop	Step	Jump
		○特別支援とインクルーシブ教育 ○様々な障がいの基礎知識（自閉症スペクトラム、合理的配慮等） ○特別支援教育の実践基礎	○園内の連携、家庭との連携（家庭支援） ○個別の指導計画	○ケースカンファレンス ○基礎的環境整備 ○個別の教育支援計画 ○小学校、専門機関との連携
E 保育実践	幼稚園教育要領、認定こども園教育・保育要領と各園の教育・保育課程	**E1-Ⅰ　自園の教育・保育課程** ○教育・保育課程が目指す理念の理解 ○教育・保育課程を生かした指導計画の作成	**E1-Ⅱ　自園の教育・保育課程** ○教育・保育課程が目指す理念の理解と共有 ○教育・保育課程を生かした指導計画の検証と、保育現場における課題の明確化 ○教育要領、教育・保育要領などと自園の教育・保育課程との関連性の理解	**E1-Ⅲ　自園の教育・保育課程** ○自園の教育理念の明確化 ○教育要領、教育・保育要領などと自園の教育・保育課程との整合性の検証 ○誕生から小学校以降までの育ちを見通した教育・保育課程の編成、解説、共有、見直し ○幼児教育の社会的意義を社会に発信する方策とエビデンス
	実践の基礎となる知識など	**E2-Ⅰ　実践のための知識** 〈様々な保育形態〉 ○異年齢混合保育、チーム保育、預かり保育などの理解 〈個と集団〉 ○個と集団の関係性の理解 〈年齢に応じたかかわり〉 ○年齢や発達に応じた保育内容やかかわりを理解する ○年齢や発達を考慮した学級運営の基礎知識 〈遊びの知識と理解〉 ○伝承遊び、自然とかかわる遊び、新しい遊び 〈教材の知識と理解、作成〉 ○各教材の使い方の理解 ○教材の選択、作成 〈発達や学びの連続性の保障〉 ○保育所保育指針等や小学校学習指導要領の基本的理解	**E2-Ⅱ　実践のための知識** 〈様々な保育形態〉 ○異年齢混合保育、チーム保育、預かり保育などへの柔軟な対応 〈個と集団〉 ○個と集団の関係を生かした学級運営の実践 〈年齢に応じたかかわり〉 ○年齢や発達に応じた保育内容やかかわりの検証 ○年齢や発達を考慮した学級運営の検証 〈遊びの知識と理解〉 ○遊びの意味と育ちへのつながり ○自然発生的な遊びの重要性 〈教材の知識と理解、作成〉 ○各教材と育ちへのつながりの理解 ○教材の選択、作成、改良 〈発達や学びの連続性の保障〉 ○乳児期の保育や小学校以降の学習へのつながりを意識した保育	**E2-Ⅲ　実践のための知識** 〈様々な保育形態〉 ○自園の教育理念に基づく保育形態の選択 ○保育形態への理解を促す解説、価値観の共有 〈個と集団〉 ○個と集団の関係を生かした園の体制づくり 〈年齢に応じたかかわり〉 ○年齢や発達に応じた保育内容やかかわりを、生涯の育ちという観点から検証 〈遊びの知識と理解〉 ○遊びの意味と育ちへのつながりの解説と共有 〈教材の知識と理解、作成〉 ○各教材と育ちへのつながりの解説と共有 ○教材の開発 〈発達や学びの連続性の保障〉 ○乳児期の家庭支援や小学校以降の学習との連続性を意識した基礎的環境整備
	指導計画から保育の立案へ	**E3-Ⅰ　計画の立案** 〈保育の理解と計画〉 ○心情、意欲、態度の育ちの基本 ○環境を通しての保育の基本 ○遊びを通しての育ちと学びの基本 ○協同的な遊びと学びの基本 〈保育案等の作成〉 ○主体性が生きる保育案の工夫 ○行事の意義の理解	**E3-Ⅱ　計画の立案** 〈保育の理解と計画〉 ○心情、意欲、態度の育ちを意識した実践 ○環境を通しての保育の実践 ○遊びを通しての育ちと学びの実践 ○協同的な遊びと学びの実践 ○遊びや活動を充実させる時間設定の工夫 〈保育案等の作成〉 ○実践に生きる保育案のあり方と再構築の考察	**E3-Ⅲ　計画の立案** 〈保育の理解と計画〉 ○遊びや活動を充実させる時間的な環境づくり ○現場で生きる指導計画や保育案のフォーマット作成 ○指導計画の存在と大切さを社会に発信する方策 〈保育案等の作成〉 ○保育案等に基づく保育者の指導

		Hop	Step	Jump
		○特別支援教育における個別指導の理解、計画の作成 ○０、１、２歳児における個別指導の理解、計画の作成	○行事の立案 ○特別支援教育を充実させる個別指導計画のあり方 ○０、１、２歳児保育を充実させる個別指導計画のあり方	○行事の立案と再構築 ○特別支援教育を充実させる個別指導計画の作成指導 ○０、１、２歳児保育を充実させる個別指導計画の作成指導
	環境の構成	**E4-Ⅰ　環境の構成** ○環境構成の重要さの理解 ○自然環境、飼育と栽培、人工的な教材等の基本的な知識と理解 ○魅力的な環境づくりのための技術の習得 ○環境の要としての保育者のあり方 ○子どもと共に環境をつくり出すことの意義 ○コーナー保育などの理解	**E4-Ⅱ　環境の構成** ○環境構成と再構成の重要さの理解 ○自然環境、飼育と栽培、人工的な教材等の構成と応用 ○魅力的な環境づくりのための技術の応用 ○環境の要としての保育者のあり方 ○子どもと共に環境をつくり出す方策 ○落ち着ける環境の理解と創出 ○地域資源（自然、文化、人材、伝承行事等）の発見と活用法の創出	**E4-Ⅲ　環境の構成** ○環境の構成と再構成を進めやすい基盤づくり ○環境と保育者、子どもの関係の明確化 ○自然環境、飼育と栽培、人工的な教材等の精査、導入 ○地域資源（自然、文化、人材、伝承行事等）の活用につながる基盤づくり ○環境づくりの技術指導
	保育の実践	**E5-Ⅰ　指導、援助、見守り等の実践** ○子どもに寄り添う共感的な対応 ○子どもに対して使う言葉の精査と非言語の表現（表情、まなざし、身体表現等）の理解 ○具体的な保育技術、実践内容の習得 ○手段としての保育の理解 遊びの伝承と創造の実践 子どもの主体性の尊重 子ども一人一人の違いの理解 個と集団の関係を意識した実践	**E5-Ⅱ　指導、援助、見守り等の実践** ○指導、援助、見守り等の適切な使い分け ○子どもに対して使う言葉や非言語の表現の適切な使い分け ○質の高い保育技術、実践内容の精査、継承 ○手段としての保育の継承 子どもの育ちに生きる遊びの伝承と創造 子どもの主体性を伸ばす実践のあり方 子ども一人一人への適切な対応 一人一人を生かす集団保育のあり方 ○園独自の文化の理解と継承	**E5-Ⅲ　指導、援助、見守り等の実践** ○安心して実践を進められる基盤づくり ○保育技術や実践内容の取り入れや検証をする仕組みづくり ○保育技術や遊びが継承していく仕組みづくり ○園独自の文化の創造と精査、継承していくための方策と風土づくり
	観察と記録	**E6-Ⅰ　記録** 〈観察の視点〉 ○様々な観察の視点の理解と思考 〈記録方法〉 ○様々な記録方法の理解 個人の記録と集団の記録 エピソード記録、記述など 〈記録の整理と活用〉 ○記録の整理の理解と思考	**E6-Ⅱ　記録** 〈観察の視点〉 ○観察の視点の適切な使い分け 〈記録方法〉 ○よりよい記録方法の工夫 〈記録の整理と活用〉 ○記録の整理による共有と活用	**E6-Ⅲ　記録** 〈観察の視点〉 ○観察の視点についての指導 〈記録方法〉 ○よりよい記録方法の作成、見直し 〈記録の整理と活用〉 ○記録の共有と活用の仕組みづくり
	保育の振り返りと評価	**E7-Ⅰ　実践の評価** ○評価の意義の理解 自分の実践を客観的に振り返り、課題を発見する手段として	**E7-Ⅱ　実践の評価** ○評価方法の精査と園内での評価結果の共有 ○保育者間のカンファレンスのあり方	**E7-Ⅲ　実践の評価** ○評価結果に基づく社会への発信 ○情報共有ができる同僚性の豊かな保育者集団の醸成

		Hop	Step	Jump
		○保育者間のカンファレンスの意義 ○計画、実践への反映の理解と思考	○園の課題の発見と園内での共有 ○計画、実践への適切な反映	○社会の課題の発見と共有 ○計画、実践に反映できる仕組みづくり
F 子どもが育つ家庭や地域	保護者・地域との連携	**F1-Ⅰ　連携の視点** 〈保・幼・小の連携を学ぶ〉 ○幼児と児童の交流を知る ○保・幼・小の教職員同士の交流を知る ○小学校のスタートカリキュラムを学ぶ 〈保護者との連携ができる〉 ○連絡帳の活用方法 ○コミュニケーションの方法を学ぶ ○保護者との懇談会等のあり方を学ぶ 〈教育相談の方法と実践を知る〉 ○教育相談の基本的姿勢 ○個別面談の基本的技法 ○カウンセリングマインドを活用した教育相談の理解 〈情報発信（メディア）の活用方法を知る〉 ○便利さと危険性の理解	**F1-Ⅱ　連携の視点** 〈保・幼・小の連携を理解する〉 ○幼児と児童の交流の企画 ○保・幼・小の教職員同士の交流を企画 ○接続を見通したカリキュラムを理解する 〈保護者との連携に努める〉 ○保護者啓発のための連絡帳 ○コミュニケーション能力を高める ○保護者との懇談会等の運営を学ぶ ○活動情報誌の作成と活用方法 〈教育相談の方法と実践を学ぶ〉 ○教育相談、個別面談の実践 ○カウンセリングマインドを活用した教育相談の理解と実践 〈メディアの活用方法を考える〉 ○ Web を活用した情報の発信とは ○便利さと危険性の理解	**F1-Ⅲ　連携の視点** 〈保・幼・小の連携への理解と実践〉 ○接続を見通した交流の企画・運営 ○保・幼・小の発達や学びの連続性を踏まえたカリキュラムの編成 〈保護者との連携を深める〉 ○保護者との懇談会等の運営を企画する ○活動情報誌の作成と活用方法 ○保護者同士の交流の場の提供 ○教育方針、内容理解のための啓発手法 〈教育相談の方法と実践を工夫する〉 ○教育相談の生かし方 ○個別面談の生かし方 ○カウンセリングマインドを活用した教育相談の理解と実践 〈メディアの活用方法を発信する〉 ○ Web を活用した情報の発信と活用 ○情報倫理の周知
	子育ての支援	**F2-Ⅰ　子育て家庭の支援** 〈家庭を支援する必要性の理解〉 ○預かり保育の取り組み －教育時間終了後の預かり保育の理解 －家庭との緊密な連携を図る －保護者の要請や地域の実態を知る ○子どもと家庭の変容 －子どもの育ちの変容を理解する －子育ての変容を理解する －家庭／家族の変容を知る －子どもの変容と家族の変容の関連を理解する ○子どものよさを家庭と共有する ○子どもに寄り添う対応 〈特別なニーズを持つ家庭を知る〉 ○療育環境の理解 ○不適切なかかわり・虐待への理解と早期発見 ○ DV（ドメスティック・バイオレンス）の理解	**F 2-Ⅱ　子育て家庭の支援** 〈支援が必要な家庭へのアセスメント〉 ○預かり保育の保育内容に関する計画 －幼稚園教育の基本を踏まえた保育内容の計画・実践 －幼児の生活が豊かなものとなる環境を考える ○親の養育観の理解 ○家庭を取り巻く社会環境の理解 ○子育て意識の変化の理解 ○子育ての負担感や不安感への理解 ○子育ちと親育ちへの支援のあり方を学ぶ ○未就園児の親子登園の現状を知る 〈特別なニーズを持つ家庭を学ぶ〉 ○虐待への理解と対応 ○ DV の理解と対応 ○ひとり親家庭への対応 ○子どもの貧困化の現状を知る －格差の拡大－	**F 2-Ⅲ　子育て家庭の支援** 〈アセスメントを活用した支援を検討〉 ○預かり保育の運営並びに支援 －園内体制の整備 －関係機関との連携、協力 －地域の幼児期の教育のセンターとしての役割 ○子育ちと親育ちへの支援 ○ 0 ～ 2 歳児の家庭支援のあり方 ○未就園児の親子登園の運営 〈特別なニーズを持つ家庭への支援〉 ○専門機関との連携を深める ○虐待への理解と対応 ○ DV の理解と対応 ○ひとり親家庭への対応と支援 ○子どもの貧困への支援

		Hop	Step	Jump
		○ひとり親家庭への支援 ○子どもの貧困について学ぶ ○自分の育ち（被養育体験）を振り返る		
	社会資源	F3-Ⅰ　社会資源の理解 〈身近な社会資源を知る〉 ○病院、保健所、保健センター、福祉事務所、図書館、子ども館など 〈専門機関との交流の意義を知る〉 ○保健師との連携を考える ○児童相談所、療育センター、保健センターの役割を知る 〈コミュニティ・スクールの取り組みを知る〉 ○PTA 活動・保護者会を理解する ○地域住民の思いやニーズを知る ○運営にあたって様々な取り組みを知る	F3-Ⅱ　社会資源を知る 〈専門機関との交流を深める〉 ○児童相談所、療育センター、保健センターとの交流 ○特別支援教育コーディネーターとの交流について ○民生・児童委員、主任児童委員の役割 ○臨床心理士（カウンセラー）との意見交換 ○ファミリーサポートセンターの役割と利用方法 〈コミュニティ・スクールの実践を学ぶ〉 ○PTA 活動・保護者会の取り組みを学ぶ ○地域住民の思いやニーズを共有する ○先進的な運営の実践を学ぶ ○園や支援組織・団体との連絡調整を学ぶ	F3-Ⅲ　社会資源を知る 〈専門機関との連携〉 ○児童相談所、療育センター、保健センターとの連携について ○特別支援教育コーディネーターの役割と連携について ○民生・児童委員、主任児童委員との連携 ○子育てサークルの支援を行う ○子育て支援センターの役割を担う 〈コミュニティ・スクールの運営〉 ○PTA 活動・保護者会を運営する ○地域住民の思いやニーズを共有する ○支援者と園の課題や目指す幼児像の共有を図る ○活動計画を作成し実践に取り組む

索引

あーお

かーこ

さーそ

たーと

なーの

はーほ

まーも

やーよ

ら―ろ

監修・編集代表・編著・執筆者一覧

● 監修

公益財団法人全日本私立幼稚園幼児教育研究機構

● 編集代表

小田 豊
関西国際大学客員教授・川崎医療福祉大学客員教授

秋田喜代美
学習院大学文学部教授・東京大学大学院教育学研究科客員教授

● 編著

師岡 章
白梅学園大学子ども学部教授

● 執筆者（執筆順）

師岡 章 …………………………………… 第 1 章・第 2 章
前掲

小野友紀 …………………………………… 第 3 章
大妻女子大学短期大学部家政科専任講師

林 薫 …………………………………… 第 4 章
白梅学園大学子ども学部教授

弘中祥司 …………………………………… 第 4 章コラム
昭和大学歯学部スペシャルニーズ口腔医学講座口腔衛生学部門教授

酒井治子 …………………………………… 第 5 章
東京家政学院大学人間栄養学部教授

（所属・肩書きは 2021 年 5 月現在）

幼稚園・認定こども園キャリアアップ研修テキスト
食育・アレルギー対応

2021年6月20日　発行

監　　修　公益財団法人全日本私立幼稚園幼児教育研究機構
編集代表　小田豊・秋田喜代美
編　　著　師岡章
発 行 者　荘村明彦
発 行 所　中央法規出版株式会社
〒110-0016　東京都台東区台東3-29-1　中央法規ビル
営業　　　　　　Tel 03 (3834) 5817　Fax 03 (3837) 8037
取次・書店担当　Tel 03 (3834) 5815　Fax 03 (3837) 8035
https://www.chuohoki.co.jp/

装幀・本文デザイン　澤田かおり（トシキ・ファーブル）
カバー・本文イラスト　タナカユリ
印刷・製本　株式会社太洋社

定価はカバーに表示してあります。
ISBN978-4-8058-8334-1